W0405142

Luigi Einaudi

La difficile arte del banchiere

a cura di Rossana Villani

Postfazione di Ignazio Visco

Editori Laterza

© 2016, Gius. Laterza & Figli

www.laterza.it

Prima edizione novembre 2016

Edizione
1 2 3 4 5 6
Anno
2016 2017 2018 2019 2020 2021

Quest'opera è stata realizzata
grazie al contributo
dell'Associazione Bancaria Italiana
e dell'Istituto Einaudi per gli studi
bancari, finanziari e assicurativi.

Proprietà letteraria riservata
Gius. Laterza & Figli Spa, Bari-Roma

Questo libro è stampato
su carta amica delle foreste

Stampato da
SEDIT - Bari (Italy)
per conto della
Gius. Laterza & Figli Spa
ISBN 978-88-581-2575-5

È vietata la riproduzione, anche
parziale, con qualsiasi mezzo effettuata,
compresa la fotocopia, anche
ad uso interno o didattico.
Per la legge italiana la fotocopia è
lecita solo per uso personale *purché
non danneggi l'autore*. Quindi ogni
fotocopia che eviti l'acquisto
di un libro è illecita e minaccia
la sopravvivenza di un modo
di trasmettere la conoscenza.
Chi fotocopia un libro, chi mette
a disposizione i mezzi per fotocopiare,
chi comunque favorisce questa pratica
commette un furto e opera
ai danni della cultura.

PREFAZIONE

Per uscire anche irrobustiti dalle fasi di crisi, pure da quelle più gravi (come dalla recentissima degli scorsi anni), occorre "mirare alto", rifarsi ai principi etici e ai "fondamentali" dell'economia.

Senza elevati princìpi etici non si esce dalle crisi che sono derivate dalle più varie cause, ma neanche da crisi morali che vanno superate con decisione.

L'Italia è riuscita a costruire perfino il "miracolo economico", dopo i drammi della seconda guerra mondiale, innanzitutto per il nuovo spirito, per gli alti ideali e per lo slancio con cui si intraprese la ricostruzione di cui Luigi Einaudi fu uno dei principali artefici. Infatti, dopo il commissariamento, nel 1944, della Banca d'Italia, Einaudi venne nominato Governatore il 5 gennaio 1945, quando l'Italia era ancora divisa in due ed era campo di battaglia.

Non a caso venne scelto Einaudi per una responsabilità così elevata in un momento così complesso e decisivo. Einaudi, infatti, era un economista particolarmente noto per il suo rigore morale e per i suoi scritti basati su un linguaggio chiaro, comprensibile al largo pubblico, per i ragionamenti rigorosi e lineari, per la chiarezza espositiva su problemi concreti.

In un momento complesso e delicato come quello attuale, abbiamo deciso di rieditare questo volume proprio per ribadire diversi fra i princìpi fondamentali del far banca, per imprimere un contributo decisivo per la solida ripresa. Occorre, con Einaudi, essere consapevoli sempre che «Le difficoltà dell'arte bancaria sono eccezionali. (...) Ufficio del banchiere è invero quello di affidare danari altrui all'uomo capace e probo, il quale sappia farli fruttare a proprio vantaggio ed, al momento stipulato, li restituisca. Solo i fatui possono immaginare che questo sia un compito facile. Nel mondo economico non ne esiste altro più difficile. Tutti credono se stessi capaci; e tanto più ne sono persuasi quanto più farneticano di progetti scombinati, di invenzioni sballate (...). Tutti dichiarano di essere probi, specialmente quando si è portati a trovare poi pretesti per proclamarsi correttissimi e disgraziati se non si può restituire. Il banchiere invece ha un dovere solo: impiegare in modo sicuro il danaro dei propri fiduciari. Se egli ha un momento di falsa pietà, se diventa inutilmente ottimista o fiducioso egli è perduto».

Occorre, infatti, essere nitidamente memori, sempre con Einaudi, che «L'arte bancaria è un'arte difficilissima; e l'aggiunta d'un aggettivo qualunque al titolo è atto, forse, soltanto a crescere difficoltà già per se stesse eccezionali. (...) Il dirigente deve lottare non solo contro gli uomini non capaci e non probi, desiderosi del danaro dei suoi depositanti, ma contro coloro che, non essendo né capaci né probi, gli chiedono denaro in virtù del proprio aggettivo».

Ringraziamo il Governatore della Banca d'Italia, Ignazio Visco, per la Postfazione, piena di nitide indicazioni, scritte per questa nuova edizione.

Ringraziamo inoltre la famiglia Einaudi, Antonio Fazio – che, in particolare, ha autorizzato la riproduzione del testo dell'Introduzione da lui curata nel settembre 1993 a corredo della prima edizione del presente volume – e la casa editrice Utet, che hanno consentito questa nuova pregevole pubblicazione curata dagli Editori Laterza.

Maurizio Sella
Presidente dell'Istituto
Luigi Einaudi

Antonio Patuelli
Presidente dell'Associazione
Bancaria Italiana

NOTA DELLA CURATRICE

Questo volume è una riedizione di una raccolta di scritti di Luigi Einaudi pubblicata per la prima volta nel 1993. La raccolta originaria fu ricavata a partire dalla selezione degli scritti bancari di Luigi Einaudi riportata da Antonio D'Aroma in *Luigi Einaudi: memorie di famiglia e di lavoro*, Roma, Ente per gli studi monetari, bancari e finanziari Luigi Einaudi, 1975, pp. 371-412.

La bibliografia di D'Aroma non includeva tuttavia i seguenti articoli, inseriti nella presente raccolta: *Vincoli legali o riforma di vocabolario? (A proposito di depositi a risparmio presso la banca ordinaria)*; *L'accordo fra le banche*; *Gli insegnamenti della crisi*; *Responsabilità*; *Domande*; *Riflessioni*; *Verità ovvie e precedenti notabili in tema di crisi bancarie*; *L'azione del governo. "Albo signanda lapillo"*; *Le ragioni dell'intervento dello stato*; *L'assemblea ed il voto dei creditori della Banca di sconto*; *Il salvataggio delle banche. Le anticipazioni alla «Sconto» e le perdite dello stato.*

Nel volume non sono compresi tutti i testi indicati da D'Aroma. Per omogeneità con un volume pubblicato nella medesima collana (*Il mestiere della moneta*) non compaiono i saggi scritti per le riviste scientifiche e vengono pubblicati solo gli articoli apparsi sulla stampa quotidiana e ristampati negli otto volumi delle *Cronache economiche e politiche di un trentennio*.

Gli articoli sono riprodotti con il loro titolo originario perché nel predisporre i volumi III, IV e V delle *Cronache* Einaudi riunì sotto un unico titolo quelli che si riferivano ad un medesimo argomento.

I primi due capitoli contengono, rispettivamente, gli articoli riguardanti il risparmio e la scalata alle banche. Il terzo capitolo raggruppa gli articoli relativi ai salvataggi bancari. Il quarto, assieme al celeberrimo *Banche con aggettivi*, raccoglie altri due articoli che sono sembrati esemplari della capacità di Einaudi di esporre in parole semplici le questioni bancarie. Dinanzi ai due primi gruppi di articoli sono stati inseriti i relativi brani delle *Prefazioni* di Einaudi alle *Cronache*.

Secondo i criteri già seguiti per *Il mestiere della moneta*, il volume è corredato, fra l'altro, da un *Glossario*, dalle *Note al testo* e dall'*Indice delle opere, delle leggi e dei documenti citati da Luigi Einaudi.*

L'idea del *Glossario* scaturisce dai suggerimenti dello stesso Einaudi di apporre un glossario in appendice alla relazione annuale del Governatore della Banca d'Italia per fornire «uno strumento di orientamento» anche ai profani di cose economiche.

Le *Note al testo* sono state riunite nelle *Appendici* perché, se da una parte si è inteso rispettare la scelta di Einaudi, che nelle *Cronache* evitò di porre note a pie' di pagina in quanto «gli articoli si spiegavano da se stessi», dall'altra si è ritenuto opportuno fornire al lettore qualche notizia su vicende ormai lontane.

Essendo stati concepiti per la stampa quotidiana, gli articoli sono privi di rinvii e di riferimenti bibliografici; i titoli riportati nell'*Indice delle opere, delle leggi e dei documenti citati da Luigi Einaudi* sono stati individuati dalla Curatrice sulla base delle frammentarie indicazioni fornite dall'Autore.

Spesso Einaudi riproduce negli articoli brani di documenti inediti (delibere di assemblee societarie, richieste di moratoria inviate ai tribunali, circolari) ma che talvolta – data la loro particolare rilevanza – venivano diffusi dai maggiori quotidiani. In tal caso, si è posto nell'*Indice* il riferimento alla fonte giornalistica più probabilmente consultata da Einaudi. Accanto a questa, quando era possibile, sono stati riportati i dati relativi ai documenti originali, oggi conservati negli archivi storici dello Stato o del Parlamento. Nei casi in cui Einaudi cita o allude a documenti mai resi pubblici ne è stata rintracciata la collocazione archivistica. Tutte le citazioni, anche implicite, di disegni di legge, relazioni e discussioni parlamentari sono state riscontrate sugli Atti ufficiali del Parlamento italiano. Sono stati inoltre individuati data, numero e titolo di tutte le disposizioni di legge alle quali Einaudi fa riferimento negli articoli.

Il testo degli articoli è rimasto invariato rispetto a quello delle *Cronache*. Sono stati però corretti i refusi, gli errori di punteggiatura e di grafia degli accenti; si è inoltre impiegato il corsivo per le espressioni in lingua straniera e si è uniformata la scrittura di alcune parole.

Rossana Villani

FONTI DEI TESTI

Il numero che precede ogni testo è quello relativo alle schede della *Bibliografia degli scritti di Luigi Einaudi dal 1893 al 1970* a cura di Luigi Firpo, pubblicazione promossa dalla Banca d'Italia, Torino, Fondazione Luigi Einaudi, 1971, pp. 907.

Con *Cronache* si fa riferimento al volume *Cronache economiche e politiche di un trentennio (1893-1925)*, Torino, Einaudi, 1959-1965, 8 voll. Per il giornale quotidiano «Corriere della sera» si è adottata l'abbreviazione «Cor.ser.».

1048 *Come crebbe la più grande Banca italiana. I due miliardi delle casse postali*, «Cor.ser.», a. 38, n. 105, 16 aprile 1913, p. 2. A proposito della Cassa depositi e prestiti. Rist. nel 1960 in *Cronache*, vol. III (n. 3701), pp. 495-500.

1089 *Vincoli legali o riforma di vocabolario? (A proposito dei depositi a risparmio presso la Banca ordinaria)*, «Cor.ser.», a. 38, n. 115, 26 aprile 1913, p. 2. Rist. nel 1960 col titolo *La tutela del risparmio*, I, in *Cronache*, vol. III (n. 3701), pp. 515-521.

1057 *Intorno alla cosidetta tutela del risparmio*, «Cor.ser.», a. 38, n. 124, 5 maggio 1913, p. 2. Rist. nel 1960 col titolo *La tutela del risparmio*, II, in *Cronache*, vol. III (n. 3701), pp. 521-527.

1087 *La tutela del risparmio e i precedenti legislativi italiani*, «Cor.ser.», a. 38, n. 141, 22 maggio 1913, p. 2. Rist. nel 1960 col titolo *La tutela del risparmio*, III, in *Cronache*, vol. III (n. 3701), pp. 527-530.

1040 *L'assorbimento del risparmio nazionale e il finanziamento degli enti pubblici*, «Cor.ser.», a. 38, n. 287, 14 ottobre 1913, p. 1. Rist. nel 1960 col titolo *L'assorbimento del risparmio nazionale a pro degli enti pubblici* in *Cronache*, vol. III (n. 3701), pp. 562-570.

1373 *I depositi nelle Banche e nelle Casse di risparmio*, «Cor.ser.», a. 42, n. 307, 3 novembre 1917, p. 2. Rist. nel 1920 col titolo *Il dovere degli Italiani durante la guerra*, IX, in *Prediche* (n. 1866), pp. 90-92; nel 1961 in *Cronache*, vol. IV (n. 3731), pp. 579-581.

1536 *La scalata alle Banche. Malanni e rimedi*, «Cor.ser.», a. 43, n. 155, 4 giugno 1918, p. 2. Rist. nel 1954 col titolo *La scalata alle Banche* in *Il buongoverno* (n. 3559), pp. 394-399; nel 1961 col titolo *La scalata alle Banche*, I, in *Cronache*, vol. IV (n. 3731), pp. 683-687.

1451 *L'accordo fra le Banche*, «Cor.ser.», a. 43, n. 183, 2 luglio 1918, p. 2. Rist. nel 1961 col titolo *La scalata alle Banche*, II, in *Cronache*, vol. IV (n. 3731), pp. 688-691.

1459 *Biglietti di banca ed assegni bancari*, «Cor.ser.», a. 43, n. 215, 3 agosto 1918, p. 2. Rist. nel 1961 in *Cronache*, vol. IV (n. 3731), pp. 709-713.

1833 *La nuova scalata alle Banche ed i suoi insegnamenti*, «Cor.ser.», a. 45, n. 62, 12 marzo 1920, pp. 1-2. Rist. nel 1961 col titolo *I gruppi Marsaglia e Perrone all'assalto della Banca commerciale* in *Cronache*, vol. V (n. 3732), pp. 693-697.

1738 *Banche ed aumenti di capitale*, «Cor.ser.», a. 45, n. 114, 13 maggio 1920, p. 2. Rist. nel 1961 col titolo *Gli aumenti di capitale a chi devono essere riservati?* in *Cronache*, vol. V (n. 3732), pp. 697-700.

1802 *L'inchiesta sulla scalata alle Banche. L'ambiente ed i limiti*, «Cor. ser.», a. 45, n. 182, 30 luglio 1920, p. 1. Rist. nel 1961 col titolo *L'inchiesta sulla scalata alle Banche* in *Cronache*, vol. V (n. 3732), pp. 701-704.

1755 *I compiti dell'inchiesta bancaria*, «Cor.ser.», a. 45, n. 183, 31 luglio 1920, p. 1. Rist. nel 1961 col titolo *La banda dei ribassisti e il diritto di sconto* in *Cronache*, vol. V (n. 3732), pp. 704-710.

1845 *Un pericolo di monopolio per il pubblico risparmio?*, «Cor.ser.», a. 45, n. 196, 15 agosto 1920, pp. 1-2. Rist. nel 1961 col titolo *Banche pubbliche e Banche private* in *Cronache*, vol. V (n. 3732), pp. 710-714.

2094 *Le specie di intervento bancario*, «Cor.ser.», a. 46, n. 292, 7 dicembre 1921, p. 2. Rist. nel 1963 in *Cronache*, vol. VI (n. 3773), pp. 467-470.

2017 *Gli insegnamenti della crisi*, «Cor.ser.», a. 46, n. 312, 30 dicembre 1921, p. 1. Rist. nel 1963 in *Cronache*, vol. VI (n. 3773), pp. 488-492.

2260 *Responsabilità*, «Cor.ser.», a. 47, n. 1, 1° gennaio 1922, p. 1. Rist. nel 1963 in *Cronache*, vol. VI (n. 3773), pp. 493-496.

2167 *Domande*, «Cor.ser.», a. 47, n. 3, 4 gennaio 1922, p. 1. Rist. nel 1963 in *Cronache*, vol. VI (n. 3773), pp. 497-500.

2265 *Riflessioni*, «Cor.ser.», a. 47, n. 5, 6 gennaio 1922, pp. 1-2. Rist. nel 1963 in *Cronache*, vol. VI (n. 3773), pp. 501-505.

2293 *Verità ovvie e precedenti notabili in tema di crisi bancarie*, «Cor. ser.», a. 47, n. 30, 4 febbraio 1922, p. 1. Rist. nel 1963 in *Cronache*, vol. VI (n. 3773), pp. 540-542.

2124 *L'azione del governo. Albo signanda lapillo*, «Cor.ser.», a. 47, n. 38, 14 febbraio 1922, p. 2. Rist. nel 1963 col titolo *Albo signanda lapillo. L'azione del governo e la Banca di sconto* in *Cronache*, vol. VI (n. 3773), pp. 552-554.

2258 *Le ragioni dell'intervento dello stato*, «Cor.ser.», a. 47, n. 39, 15 febbraio 1922, pp. 1-2. Rist. nel 1963 col titolo *Le ragioni dell'intervento dello stato. (La crisi della Banca di sconto)* in *Cronache*, vol. VI (n. 3773), pp. 555-559.

2123 *L'assemblea ed il voto dei creditori della Banca di sconto*, «Cor. ser.», a. 47, n. 40, 16 febbraio 1922, ediz. del mattino, p. 2. Siglato: «L. E.». L'articolo manca nell'ediz. del giorno. Rist. nel 1963 in *Cronache*, vol. VI (n. 3773), pp. 560-563.

2227 *Per chiarire i propositi dei creditori della «Sconto»*, «Cor.ser.», n. 47, 24 febbraio 1922, pp. 1-2. Rist. nel 1963 in *Cronache*, vol. VI (n. 3773), pp. 564-567.

2370 *I metodi ed il costo dei salvataggi bancari*, «Cor.ser.», a. 48, n. 238, 5 ottobre 1923, pp. 1-2. Rist. nel 1963 in *Cronache*, vol. VII (n. 3781), pp. 382-388.

2305 *Le anticipazioni alla «Sconto» e le perdite dello stato*, «Cor.ser.», n. 243, 11 ottobre 1923, p. 4. Siglato: «L. E.». Rist. nel 1963 col titolo *Il salvataggio delle Banche. Le anticipazioni alla «Sconto» e le perdite dello stato* in *Cronache*, vol. VII (n. 3781), pp. 394-398.

2375 *I nuovi decreti bancari*, «Cor.ser.», a. 48, n. 260, 31 ottobre 1923, p. 1. Siglato: «L. E.». Rist. nel 1963 in *Cronache*, vol. VII (n. 3781), pp. 429-431.

2441 *La circolazione e gli immobilizzi bancari*, «Cor.ser.», a. 49, n. 87, 10 aprile 1924, p. 1. Rist. nel 1965 in *Cronache*, vol. VII (n. 3781), pp. 668-671.

2511 *Scalata alle Banche*, «Cor.ser.», a. 49, n. 91, 15 aprile 1924, p. 1. Rist. nel 1965 in *Cronache*, vol. VII (n. 3781), pp. 672-676.

2435 *Banche con aggettivi*, «Cor.ser.», a. 49, n. 202, 23 agosto 1924, p. 1. Rist. nel 1954 in *Il buongoverno* (n. 3599), pp. 178-183; nel 1965 in *Cronache*, vol. VII (n. 3781), pp. 808-813.

NOTA BIOGRAFICA

1874 Luigi Einaudi nasce a Carrù (Cuneo) il 24 marzo da Lorenzo, concessionario del servizio di riscossione delle imposte, e da Placida Fracchia. Nel 1888, morto il padre, la famiglia si trasferisce a Dogliani (Cuneo), paese d'origine della madre.

1891 Si iscrive alla Facoltà di Giurisprudenza dell'Università di Torino, dove frequenta il Laboratorio di Economia politica diretto da Salvatore Cognetti de Martiis. Qui diviene amico di Luigi Albertini.

1895 Consegue la laurea e pubblica sul «Giornale degli economisti» *La crisi agraria nell'Inghilterra*, rielaborazione della tesi di laurea.

1896 Inizia a lavorare in banca, ma presto passa a «La Stampa» come redattore.

1899 Insegna materie economiche in un Istituto Tecnico prima a Cuneo e dal 1902 a Torino.

1900 Diviene redattore de «La riforma sociale», la rivista fondata e diretta da Luigi Roux e Francesco Saverio Nitti. Nel 1902 ne diviene condirettore e nel 1908 direttore.

1902 Professore di ruolo di Scienza delle finanze e diritto finanziario nella Facoltà di Giurisprudenza dell'Università di Torino.

1903 Nozze con Ida Pellegrini, che era stata sua allieva. Inizia a collaborare al «Corriere della sera», dove erano già apparsi tre suoi articoli. La collaborazione continuerà fino al 1961 con due lunghe interruzioni: dal 1925 al 1943 e dal 1948 al 1953.

1919 Per iniziativa di Francesco Saverio Nitti, all'epoca presidente del Consiglio dei ministri, è nominato senatore del Regno.

1922 Inizia a collaborare con «The Economist», sul quale ha già scritto nel 1915.

1936 Sospesa la pubblicazione della «Riforma sociale» con decreto prefettizio del 27 maggio 1935, fonda e dirige la «Rivista di storia economica».

1943 Alla fine di settembre si rifugia con la famiglia in Svizzera, dove resta fino al 7 dicembre 1944, per poi recarsi a Roma su richiesta del governo presieduto da Ivanoe Bonomi.

1945 5 gennaio. Governatore della Banca d'Italia. A settembre entra a far parte della Consulta nazionale.

1946 È eletto membro dell'Assemblea costituente nelle liste del Partito liberale italiano.

1947 31 maggio. Vicepresidente del Consiglio dei ministri e ministro del Bilancio nel quarto governo formato da Alcide De Gasperi.

1948 22 aprile. È eletto presidente della Repubblica.

1955 Alla scadenza del mandato presidenziale diventa senatore di diritto e la legge 8 giugno 1955 n. 505 gli conferisce la facoltà di esercitare a vita le funzioni di professore di ruolo.

1961 30 ottobre. Muore a Roma. La salma è sepolta a Dogliani.

LA DIFFICILE ARTE DEL BANCHIERE

INTRODUZIONE ALLA PRIMA EDIZIONE

Gli articoli riportati in questo volume, veri e propri saggi, sono stati pubblicati sul «Corriere della Sera» tra il 1913 e il 1924. Coprono dunque un arco di undici anni, a partire dal tempo successivo a una guerra, quella di Libia – di portata limitata se confrontata con il successivo conflitto mondiale, ma pur sempre una guerra – fino alla prima metà degli anni Venti: è quest'ultimo un periodo storico nel quale si preannunciano alcuni dei problemi che porteranno poi alla *débâcle* dei sistemi economici capitalistici negli anni Trenta.

Durante la Grande Guerra il potere d'acquisto della lira si riduce di oltre il 60 per cento: occorrono oltre due lire e mezza del 1918 per eguagliare il valore di una lira del 1914 (una lira del 1918 vale quanto 1.750 lire del 1993). Non si dispone di dati dettagliati attendibili per l'economia reale, la produzione e l'occupazione nel quadriennio bellico: l'intensità delle oscillazioni congiunturali allora sperimentata fa probabilmente impallidire le pur gravi e preoccupanti vicende della nostra economia negli anni recenti.

La banca riflette in maniera accentuata le difficoltà della congiuntura. L'attività del banchiere è un'arte, non è una scienza. I princìpi e la conoscenza dei meccanismi sono essenziali, ma la buona esperienza è altrettanto importante. Ogni decisione gestionale, in particolare in materia di concessione di credito, richiede professionalità, cognizione dell'ambiente economico, conoscenza specifica delle industrie affidate e valutazione dei soggetti, intuito e senso del rischio.

Come Einaudi mirabilmente nota nell'ultimo dei saggi qui raccolti, la gestione di una qualsiasi industria comporta difficoltà e richiede abilità notevoli da parte degli imprenditori. Il banchiere deve essere in grado di valutare simultaneamente, e di comporre poi ai fini di una corretta ed efficace gestione della banca, la capacità e l'onestà degli imprenditori affidati, le loro specifiche decisioni, le prospettive delle diverse imprese e dei rami d'industria.

È un'arte difficile, dunque, quella del banchiere e, come Einaudi sottolinea, gli uomini in grado di esercitarla con successo sono rari. Le difficoltà eccezionali del periodo coperto dai saggi riportati in questo volume sono purtroppo comprovate dal fallimento di una grande banca, la Banca Italiana di sconto, dalla crisi di un altro importante istituto, il Banco di Roma – salvato solo grazie a interventi coordinati delle Autorità e all'apporto anche della Banca d'Italia. Aspetti delle difficoltà del periodo sono anche le crisi di istituti minori e le vicende tempestose dei rapporti di proprietà tra banche e imprese.

Occorrerà la grande depressione degli anni Trenta per giungere in tutti i principali paesi alla definizione di leggi bancarie atte a fronteggiare le nuove situazioni, con l'attribuzione di poteri particolari a quelli che oggi chiamiamo gli organi di vigilanza. L'esame degli avvenimenti degli anni successivi alla prima guerra mondiale prepara, nell'analisi economica e soprattutto nella convinzione degli uomini pratici, la consapevolezza del carattere specifico dell'attività bancaria e della necessità di una legislazione specifica che andasse oltre la normativa applicabile alla generalità delle imprese.

Einaudi segue con occhio attento, con la profondità dell'economista; descrive con un linguaggio esemplare per chiarezza, e quindi comprensibile al largo pubblico, con ragionamenti sempre rigorosi, gli avvenimenti finanziari e creditizi. Il punto di vista è sempre quello dell'interesse generale della collettività.

Il tono è talora polemico, data la gravità degli avvenimenti e la rilevanza degli interessi in gioco, ma nel complesso le argomentazioni sono sempre misurate e persuasive.

Nella prima serie di articoli, relativi a banche e risparmio, emerge chiaramente la preoccupazione circa l'impiego, a livello macroeconomico, del risparmio raccolto dalle banche e dalle casse di risparmio. La discussione parte dall'importanza relativa della raccolta di fondi operata dalla Cassa depositi e prestiti rispetto a quella effettuata dalle banche. La raccolta postale finanzia l'attività dello Stato e soprattutto degli enti territoriali; accanto alle banche di maggiore dimensione, che finanziano la grande industria, ferve l'attività delle banche popolari e delle casse rurali volta a finanziare le piccole imprese, l'artigianato, il commercio minuto.

La preoccupazione è per la destinazione del risparmio e per gli investimenti. Non cade mai, l'Autore, nelle angustie concettuali di quello che oggi chiamiamo il *crowding out* o effetto di spiazzamento. Viene elogiata infatti la capacità delle casse postali di raccogliere e quindi stimolare il risparmio; viene quindi sempre implicitamente esaltato e difeso l'atto di risparmio, qualunque sia l'attività finanziaria verso la quale si dirige e in cui si sostanzia. C'è solo il rammarico per l'incapacità di raccogliere altrettanto risparmio da parte degli organismi che debbono destinarlo al finanziamento della produzione. C'è la «ribellione» solo di fronte alla eventualità di monopoli a favore della componente pubblica o, addirittura, di discriminazioni contro quella privata.

Si fa, faticosamente dapprima, poi sempre più esplicitamente, palese l'idea che tutte le forme di raccolta di fondi da parte delle banche sono sostanzialmente equivalenti.

Un insieme di articoli è dedicato ai rapporti proprietari tra banche, da un lato, e imprese industriali e commerciali dall'altro. Viene espressa la preoccupazione per una eccessiva ingerenza del banchiere nella gestione delle industrie. Vengono delineati i princìpi di quella che poi sarà una costante della legislazione e soprattutto della prassi nel nostro sistema circa i rapporti tra credito e imprese non finanziarie. Vengono stigmatizzate l'inappropriatezza e la pericolosità del controllo del capitale delle banche da parte delle imprese che sono o possono essere finanziate dalle banche stesse.

I recenti provvedimenti relativi al recepimento, nella nostra normativa, della seconda direttiva bancaria della CEE mantengono fermi quei princìpi: così come nessuna impresa industriale o commerciale può possedere più del 15 per cento del capitale di una banca, ciascun ente creditizio non deve avere il controllo – non può possedere più del 15 per cento del capitale – dell'industria. Inoltre il complesso degli investimenti di ogni ente creditizio in imprese non finanziarie non può mai eccedere il capitale proprio: non è possibile, cioè, investire in azioni e partecipazioni denaro raccolto attraverso depositi.

Emerge negli scritti di Einaudi una visione del banchiere come colui al quale una larga schiera di cittadini affida i propri risparmi, frutto di sacrifici del consumo presente e speranza di copertura per le necessità future. Il banchiere deve impiegare i risparmi, in primo luogo, nell'interesse pieno ed esclusivo dei depositanti. Questo principio della difesa del risparmio troverà poi formale riconoscimento nella Costituzione repubblicana. Esso può interpretarsi in senso più ampio, macroeconomico: tutela del risparmio significa tutela dell'investimento, per il benessere e lo sviluppo dell'economia nazionale. È indubbio che il principio viene però proposto partendo da quelle considerazioni di tipo soggettivo che sono alla base dell'analisi einaudiana.

La difesa di questo valore fa sostanzialmente accettare a Einaudi – che tende pur sempre a richiamare i princìpi e le regole del mercato dell'analisi neoclassica e quindi l'efficacia di un sistema che prevede l'istituto del fallimento – la possibilità di salvataggi bancari.

Il salvataggio non deve mai volgersi a favore degli amministratori della banca in difficoltà: questi possono anche essere stati vittime di difficili eventi congiunturali e politici, ma non v'è dubbio che hanno, quanto meno, interpretato imprudentemente il proprio ruolo, assumendo atteggiamenti che in casi estremi sono anche giuridicamente perseguibili. Il principio si ritrova nello statuto dell'attuale Fondo di garanzia dei depositi che prevede, come condizione per l'intervento, la dichiarazione di insolvibilità e la gestione straordinaria.

Rapide e precise considerazioni sono riservate alle possibili finalità di un'inchiesta parlamentare relativa alle crisi bancarie. L'inchiesta stessa deve darsi carico di analizzare essenzialmente le insufficienze della normativa, al fine di porvi rimedio. Non deve entrare nei comportamenti degli amministratori che possono essere rivelati in contrasto con la legge esistente: tali comportamenti scorretti vanno sottoposti all'indagine e al giudizio della magistratura.

I costi del salvataggio non devono riflettersi sulle finanze pubbliche per non generare, giustificare, da parte degli amministratori, comportamenti men che prudenti. Einaudi ha tuttavia ben presente nelle sue analisi il bene pubblico costituito dalla stabilità finanziaria e dalla salvaguardia del risparmio. Ciò gli fa ritenere del tutto naturale, in presenza di pericoli di corsa al ritiro dei depositi, con conseguenti perdite e fallimenti di imprese e di banche, che altri istituti di provata solidità possano impegnarsi per la garanzia dei depositi e del risparmio raccolto dalla banca in difficoltà, assumendone le attività e tentando di realizzare i crediti illiquidi. La difesa del risparmio fa anche accettare all'Autore, implicitamente e con ritrosia, mai esplicitamente, un costo per il pubblico erario; ciò è testimoniato dai puntigliosi calcoli relativi agli oneri sopportati del Tesoro, attraverso le operazioni con la Banca d'Italia, per salvare il Banco di Roma.

Questi calcoli sono anche l'occasione per definire alcuni princìpi in materia di bilancio e comportamento degli Istituti di emissione. Viene affermata, per quanto riguarda l'aumento di circolazione a fronte dei depositi, l'opportunità di intervenire ove esista puramente un problema di liquidità. Si ha infatti, in tal caso, un aumento soltanto temporaneo della circolazione, senza conseguenze per l'inflazione. È il criterio, sempre valido, già enunciato da Bagehot in *Lombard Street*. Appare implicitamente – ma l'Einaudi esplicita questo concetto quando si discute della sostituzione di biglietti con assegni bancari – l'eguaglianza, ai fini dell'influenza sui prezzi, tra biglietti degli istituti di emissione e moneta bancaria. Il concetto verrà più tardi consacrato da Keynes nel *Treatise* ed è alla base dell'odierna analisi monetaria.

Lo schema teorico di riferimento lungo il quale si muove l'Autore è quello neoclassico e, per quanto riguarda la moneta, quello proprio della teoria quantitativa. Come è stato osservato a proposito dei rapporti tra investimenti pubblici e settore privato, le conclusioni non cadono mai in posizioni estreme, frutto di mera dottrina, probabilmente perché si esaminano problemi concreti e l'analisi si indirizza a uomini pratici.

Ho già detto del linguaggio. Alcuni degli argomenti trattati appaiono di un'attualità sorprendente. La lettura dei testi che seguono aiuta a scoprire le origini di odierni atteggiamenti consolidati nella prassi della vigilanza e nel controllo e nella supervisione dei mercati finanziari. C'è una certa tendenza della storia, anche di quella finanziaria e delle banche, a ripetersi talora a distanza di decenni: si pensi in particolare alle preoccupazioni espresse dall'Autore circa le conseguenze, per la corretta gestione bancaria, del riferimento esplicito degli amministratori ad alcune ideologie o parti politiche.

I temi e i problemi si ripropongono in contesti indubbiamente diversi e con modalità differenti. Ma la loro portata e le relative implicazioni possono essere ancora più vaste e complesse proprio a causa del maggiore sviluppo e del ruolo più rilevante delle banche, delle strette connessioni con una crescente attività di intermediazione finanziaria, per l'apertura internazionale dei sistemi economici. La lettura dei testi qui riprodotti è utile anche per riflettere sui problemi di oggi.

Antonio Fazio
Governatore della Banca d'Italia

Roma, settembre 1993

1.

BANCHE E RISPARMIO

Rimase [con la creazione dell'Ina] quella che era la sostanza dell'assunzione da parte dello stato, sia pure in concorrenza, di un nuovo strumento di raccolta del risparmio nazionale. Esistevano già la «Cassa depositi e prestiti» divenuta, senza che il pubblico se ne fosse accorto, la più grande banca italiana con i suoi tre miliardi di depositi dei quali due forniti dalle casse postali di risparmio; e la «Cassa nazionale di previdenza per la invalidità e la vecchiaia degli operai», i cui fondi si aggiravano sui 150 milioni di lire. Coll'aggiunta dell'«Istituto nazionale delle assicurazioni», i cui incassi secondo la ragionata opinione dell'on. Nitti non dovevano essere inferiori ai 70 milioni di lire all'anno, lo stato già oggi disponeva di una massa di manovra di oltre 3 miliardi di lire destinata in un lungo volgere di anni (un decennio?) a raddoppiarsi. Già allora (qui pp. 35-42, in un articolo del 14 ottobre 1913 su *L'assorbimento del risparmio nazionale a pro degli enti pubblici*) i dubbi miei erano parecchi. Giova allo stato assumere l'ufficio dell'impiego di somme tanto imponenti? Investire vuol dire scegliere fra gli investimenti quello più profittevole; ché ogni scelta diversa significa rinuncia a scegliere gli investimenti che danno il massimo rendimento comparativo. Se si investe un milione al frutto netto del 5%, ciò vuol dire che fra i tanti impieghi i quali si offrono a gara si sceglie quello capace di fruttare almeno il 5% netto, dopo aver retribuito, al saggio del mercato, il rischio dell'imprenditore, il lavoro dei dirigenti, dei tecnici e degli operai. Se invece si sceglie l'impiego che offre solo il 4% è chiaro che la scelta è caduta su un impiego il quale è fecondo di un prodotto minore e non può pagare remunerazioni uguali ad un ugual numero di imprenditori, dirigenti, tecnici ed operai. La collettività dei collaboratori alla produzione subisce un danno.

Vero è – e l'osservazione è ovvia, antica, pacifica e la sua formulazione teorica risale agli scritti del Dupuit della metà del secolo scorso – che lo stato può avere interesse a preferire l'investimento al saggio di interesse del 4 ed anche del 3 e persino, quando non si voglia arrivare alle quantità negative, dello zero per cento. Forseché il rimboschimento non frutta allo stato, oltre il modestissimo reddito forestale netto, il risparmio delle spese per inondazioni, per riattamento delle strade e delle linee ferroviarie, per indennità ai danneggiati ed il frutto di maggiori imposte sui terreni delle valli e della pianura bonificati e rinsaldati? Forseché le strade e le scuole e i risanamenti dei quartieri poveri inabitabili ecc. ecc. non fruttano allo stato vantaggi indiretti di cresciuta produzione a causa della cresciuta commerciabilità dei prodotti agricoli, della maggiore istruzione e quindi della maggiore attitudine degli operai e dei contadini a più adeguata remunerazione, della minore mortalità e della sanità pubblica migliorata; sicché i vantaggi per la collettività appaiono maggiori della perdita per il minore rendimento monetario degli impieghi scelti.

La teoria, vera e sacrosanta, ha un limite ed è quello imposto dalla legge della utilità decrescente di tutte le quantità economiche. Giunge un punto, determinabile solo empiricamente, nel quale il vantaggio, che è tutto indiretto, della nuova strada e quello economico-monetario dell'impiego in migliorie agricole o in nuovo o cresciuto impianto industriale si equilibrano. A quel punto, è indifferente investire nell'una o nell'altra maniera. Al di là, prolungare od allargare ancora la strada, frutta meno del compiere una trasformazione agricola o del sostituire una macchina nuova ad una antiquata. E così del rimboschimento, delle bonifiche, della scuola, della casa. Poiché i mezzi esistenti sono limitati e l'essere essi a disposizione dello stato invece che dei privati non li fa crescere, se non per eccezione rarissima, configurabile forse in astratto, ma non di fatto, uopo è che somma cura sia posta nel calcolare in modo tollerabilmente corretto i vantaggi indiretti non monetabili in confronto di quelli diretti espressi in lire, soldi e denari. Qui è il pericolo massimo della teoria ovvia e pacifica e antica; che la scelta fatta dallo stato sia una scelta politica, compiuta con criteri estravaganti diversi da quelli del vantaggio collettivo. Poiché l'utilità collettiva è un concetto vago, nel quale si può far entrare molta merce di contrabbando, ecco farsi avanti le ferrovie inutili, le strade su cui non passerà mai nessuno; ecco i sussidi per rimboschire colli agevoli e fecondi invece di montagne dirupate; ecco moltiplicarsi fastose stazioni, alti palazzi di governo (prefetture) e case di giustizia, nelle quali i giudici non hanno aule bastevoli per giudicare e per deliberare; ecco le scuole, nelle quali le aule giungono ai cinque metri di altezza e non sono riscaldabili; ecco le vie delle città ogni giorno sossopra per motivi diversi e non coordinati nel tempo e nella esecuzione. Talché aveva senso il dubbio mio (qui pp. 37-38) se fosse conveniente assegnare i mezzi della Cassa depositi e prestiti a favore dei comuni desiderosi di compiere un'opera pubblica. Non era opportuno che i comuni bisognosi di credito si dovessero normalmente rivolgere al mercato? Tal città, bene amministrata, con un passato noto di impegni di interessi osservati, di capitali rimborsati a tempo giusto, avrebbe trovato credito al 4%; altre, con men perfetto ricordo del passato, avrebbero dovuto pagare il 5 od il 6%; ed altre infine sperperatrici e fallimentari non avrebbero trovato credito affatto.

Il problema, vivo mezzo secolo fa, è divenuto angoscioso oggi, quando i depositi presso gli istituti pubblici di risparmio e di assicurazioni sociali sono giunti alle migliaia di miliardi; quando praticamente tutte le grandi banche, che il pubblico immagina essere private, sono invece banche di stato o dipendenti dallo stato o amministrate da delegati dello stato. Per avventura, il pericolo non è oggi manifesto; ché le grandi banche e gli istituti pubblici di credito sono ancora governati da uomini nati in un mondo non ancora statizzato e osservano ancora le regole di buona condotta bancaria, divenute a poco a poco, grazie anche alle disavventure passate ed alla disciplina da queste imposta, sangue e carne viva degli uomini appartenenti allo stato maggiore creditizio vivente. Che cosa accadrà, quando, venendo meno gradatamente la generazione attuale degli uomini di banca, i politici, irreggimentati nei partiti, si accorgano che essi possono nominare uomini ligi ai loro voleri ai posti di presidenti, amministratori delegati, dirigenti di nove decimi dell'apparato bancario del paese? La mente si rifiuta di scrutare a fondo un'ipotesi tanto raccapricciante; e si rifugia nella speranza della diffusione dell'educazione economica e del rispetto morale per istituzioni fatte venerande dal tempo. Delle quali speranze la seconda, pur tenuissima, sembra più fondata della prima.

(Dalla *Prefazione* al volume terzo delle *Cronache*, pp. XXXVIII-XLI)

COME CREBBE LA PIÙ GRANDE BANCA ITALIANA. I DUE MILIARDI DELLE CASSE POSTALI

Due notizie recenti intorno alle nostre casse postali di risparmio meritano di essere commentate: per la prima essendosi saputo che i depositi di risparmio postali hanno il 17 marzo scorso raggiunto i 2 miliardi di lire; e per la seconda essendo stato comunicato che in sua seduta del 6 aprile il consiglio dei ministri aveva approvato un disegno di legge presentato dall'on. Calissano, con il quale si eleva a 6000 lire il limite massimo dei depositi postali per ciascun libretto. Una relazione recente del comm. Giuseppe Cacopardo, fino alla fine del marzo 1913 direttore generale dei vaglia e dei risparmi al ministero delle poste e telegrafi, consente di vedere per quali gradi, dai due milioni e mezzo di depositi del primo anno di istituzione, le casse di risparmio postali italiane sieno riuscite a mettere insieme i due miliardi di oggi e mette in chiaro le ragioni per cui si è deliberato di portare a 6000 lire il limite massimo dei depositi su ciascun libretto.

La storia delle casse postali di risparmio si può distinguere in due periodi: uno più lungo, dalla istituzione fatta con legge del 27 maggio 1875 sino alla legge dell'8 luglio 1909; e uno di minor durata, dall'8 luglio 1909 ad oggi, in cui si iniziarono nuovi ordinamenti, capaci di imprimere rinnovato slancio ai depositi.

Il primo e più lungo periodo fu segnalato per due norme: di cui la prima diceva che su ogni libretto (ed una persona non poteva avere più d'un libretto) non poteva farsi un deposito fruttifero maggiore di 2000 lire; mentre la seconda limitava ancor più i depositi, vietando di depositare in ogni anno più di 1000 lire per libretto. Era evidente lo scopo che s'erano proposti i fondatori delle casse postali: offrire un asilo sicuro ai modesti risparmi dei piccoli capitalisti che non si fidavano né degli investimenti in titoli di rendita, né dei depositi presso banche e banchieri privati, e non avevano, vivendo lungi dalle città in luoghi di campagna, comodità di giovarsi di altre istituzioni di credito. Alzando lo sguardo oltre la cerchia della gente minuta, i fondatori delle casse postali ambirono altresì raccogliere i depositi temporanei della borghesia di medi proprietari, professionisti, impiegati, i quali possono avere delle giacenze di cassa momentanee, che consumeranno poi nel corso dell'anno, o impiegheranno in compra di titoli o in mutui, quando la somma si sia fatta alquanto più rotonda. Con questi intendimenti prosperarono le casse postali; le quali dalle lire 2.443.404 raggranellate alla fine del 1876 a mano a mano passarono a raccogliere 112.128.422 lire alla fine del 1883, e poi 400.039.468 lire alla fine del 1893 e, raddoppiando ancora, 869.224.123 alla fine del 1903; superando il miliardo, con 1.068.384.660 lire, alla fine del 1905; e toccando 1.506.497.274 lire alla fine del 1908; malgrado che l'interesse netto pagato ai depositanti fosse via via stato ridotto dal 4,25 al 4 poi al 3,50, al 3,25 per cadere definitivamente al 2,64%.

Nei primi mesi del 1909 un fatto nuovo e degno di riflessione si verificava per la prima volta: i depositi accennavano a discendere: dalle lire 1.506.497.274 alla fine di dicembre 1908 erano ancora saliti a lire 1.520.617.503 alla fine di gennaio 1909, per l'affluire consueto dei salari e guadagni e degli interessi esatti dalla clientela risparmiatrice nei primi giorni dell'anno; ma poi si era iniziata la discesa: a 1 miliardo e 516 milioni alla fine di febbraio, a 1 miliardo e 509 milioni alla fine di marzo, a 1 miliardo e 503 milioni alla fine di aprile, a 1 miliardo e 497 milioni alla fine di maggio ed a 1 miliardo e 492 milioni alla fine di giugno. Se la discesa fosse continuata, gran danno avrebbero sentito le provincie, i comuni, i consorzi pubblici, le istituzioni d'ogni fatta, le quali ricorrono ai fondi delle casse di risparmio per ottenere prestiti a mite interesse con cui costruire scuole, acquedotti, strade, manicomi, ospedali ecc. Ben poteva darsi che il fenomeno fosse temporaneo, dovuto ai ritiri degli emigranti ritornati in patria in seguito alla crisi del 1907 negli Stati uniti, i quali potevano essersi trovati astretti a consumare parte dei risparmi prima accumulati. Ma poteva anche essere indizio di una tendenza più duratura, sia che le casse postali avessero soddisfatto intieramente ai bisogni di risparmio della clientela, sia che una parte dei loro clienti tendesse a spostare i depositi a pro delle casse ordinarie di risparmio o delle banche private, le quali vanno disseminando la penisola di succursali ed offrono ai depositanti ogni maniera di agevolezze, maggiori di quelle che prima della legge 8 luglio 1909 potevano fornire le casse postali.

L'aculeo della concorrenza insegnò alle casse postali la via da tenere. Anzi i depositanti l'avevano già spontaneamente indicata essi medesimi, violando la norma di legge la quale vietava di far depositi fruttiferi superiori alle 2000 lire. Molti depositanti invero aprivano diversi libretti intestati ad altri nomi, cosicché, per quelli che osavano violare la legge, il limite delle 2000 lire era diventato del tutto nominale. Queste nuove vie extra-legali furono appunto legalizzate con la nuova legge dell'8 luglio 1909, la quale stabilì: 1) che fosse abolito il divieto di non poter depositare più di 1000 lire all'anno; 2) che fosse elevato a 4000 lire il limite dei depositi fruttiferi; 3) che fossero autorizzati, come già lo erano le opere pie, anche i comuni, le provincie e gli enti morali a far depositi fruttiferi senza limiti di somma. Le casse postali estendevano così la cerchia della loro clientela. Da un lato offrivano alle istituzioni pubbliche il mezzo di depositare fruttuosamente le giacenze di cassa, che talvolta rimanevano infruttifere in mano dei tesorieri; dall'altro si faceva appello alle classi più agiate ed altresì alle classi commerciali e viaggianti, mercé l'istituzione del libretto di riconoscimento, con cui il possessore di libretto postale può ritirare a vista il suo denaro in ogni tempo e in ogni località del regno, che sia sede di ufficio di posta. Come osserva il Cacopardo,

> mercé l'elevazione a lire 4000 dei depositi fruttiferi, si valgono del libretto postale di risparmio, in più largo numero e per somme sempre rilevanti, i numerosi commessi viaggiatori e tutti coloro che per ragioni di traffico e di commissioni sogliono percorrere da un capo all'altro la nostra penisola. Se ne valgono tutti coloro che per ragioni di studio, di professione, di rappresentanze ecc. ecc., sono costretti a far lunghi viaggi dalla città nativa, dal proprio collegio alla capitale, o in altre sedi del regno, dove han bisogno di permanere per un periodo più o meno lungo: di questo numero sono molti deputati, senatori, consiglieri provinciali, componenti di commissioni, professionisti e quanti altri, mossi da necessità varie, sono obbligati a trasferirsi ed a sostare più o meno lungamente nei grandi centri. Se ne servono periodicamente, in certe stagioni dell'anno, tutte quelle famiglie che sogliono raccogliere a risparmio il soprapiù delle loro entrate ordinarie, per dedicarlo nella propizia stagione in viaggi e permanenze nelle sedi balnearie o di acque termali.

L'allargamento della clientela, consentito dalla nuova legge e facilitato da una adatta opera di propaganda dell'amministrazione, conseguì ben presto i suoi effetti. Mentre i depositi, dopo essere aumentati di 142 milioni nel 1906 e di 207 nel 1907, erano nel 1908 cresciuti soltanto più di 89 milioni di lire e nel primo semestre del 1909 erano anzi, come vedemmo, diminuiti di 28 milioni; subito dopo la promulgazione della legge 8 luglio 1909 crescono nuovamente: di 93 milioni nel secondo semestre del 1909 e di 160 milioni nel 1910.

A questo punto la virtù della legge sembra rallentarsi: dal 1° gennaio 1911 al 28 febbraio 1912, ossia in 14 mesi, vi ha ancora un incremento di 92 milioni, ragguardevole bensì in vista della cresciuta concorrenza delle casse ordinarie e delle banche, che hanno moltiplicato negli ultimi anni le agevolezze ai depositanti e correntisti e della istituzione, avvenuta nel 1911, di casse postali di risparmio negli Stati uniti, le quali vorrebbero anche assorbire il risparmio dei nostri emigranti; ma, sebbene ragguardevole, pur sempre meno rapido di quello che fu nel secondo semestre del 1909 e nell'anno 1910. Dal 28 febbraio 1912, in cui erano di 1 miliardo e 893 milioni al 17 marzo 1913, in cui fu toccata la pietra miliare dei due miliardi, vi fu un ulteriore aumento di 107 milioni, aumento ragguardevolissimo, se si pon mente che le vicende politiche ed economiche dell'anno avrebbero potuto anche spiegare un eventuale consumo degli interessi ossia del reddito dei depositi. Ma tuttavia aumento inferiore a quello del secondo semestre del 1909 e del 1910.

Onde da tempo l'amministrazione pensava ad escogitare nuovi avvedimenti; ed il Cacopardo scriveva

che molte altre classi più benestanti potranno essere accaparrate, se l'amministrazione, convinta dalla fatta esperienza e perseverando nel proposito di dare una maggiore espansione al risparmio postale, addivenisse ad accrescere progressivamente il limite dei depositi fruttiferi fino alle lire 10.000, equiparandolo a quello oramai concesso per varie ragioni ai nostri emigranti all'estero; e se nel contempo, abbinando al servizio del nostro risparmio quello, in corso di studio, degli assegni e delle compensazioni postali, concedesse a questo ultimo mezzo di trasmissione di valori, nei piccoli centri non sedi di banche private, il beneficio di un misurato interesse per quelle somme che si volessero far restare in potere dell'amministrazione, oltre un determinato periodo di tempo.

Il disegno di legge, che ora si annuncia, dell'on. Calissano vuol percorrere la strada a gradi; e per ora comincia ad elevare il limite dei depositi da 4000 a 6000 lire. Nessun dubbio però che questo è un primo passo e che qui non si fermano le ambizioni dei reggitori delle casse postali di risparmio; poiché, ricordando le parole pronunciate, in occasione del dibattito sul monopolio assicurativo, dall'on. Giolitti, doversi cioè «concentrare nello stato le maggiori forze finanziarie», il Cacopardo affermava la necessità di

presidiare lo stato di forti risorse finanziarie, per metterlo in grado non solo di agevolare agli enti il compimento di opere pubbliche di vitale importanza, ma di esercitare nelle lotte economiche moderne, la propria azione moderatrice e difensiva, nel pubblico interesse.

Intorno alla quale ultima necessità è lecito rimanere pensosi e dubbiosi, sebbene le ragioni del dubbio siano troppo complesse per poter essere esposte nella conclusione di breve articolo. Non si può tuttavia rimanere dubbiosi intorno alle ragioni logiche che spingono ogni istituto a crescere ed a rafforzarsi nella lotta di concorrenza con gli altri istituti. Credevano i fondatori di offrire un sicuro asilo alle alcune centinaia di lire di risparmio della minuta gente italiana. Ma la gente minuta s'è fatta laboriosa in patria ed ha cercato fortuna all'estero ed i suoi risparmi sono cresciuti d'anno in anno a cifre che nel 1875 si sarebbero credute assurde. Né basta: i nuovi amministratori hanno visto che altre classi sociali, di commercianti, di professionisti, di viaggiatori, potevano aver bisogno dei servizi delle casse postali; onde essi quei servizi hanno creato e si apprestano ad allargarli con nuovi perfezionamenti. Sorte e cresciute nell'aura vivificatrice della concorrenza e della emulazione feconda con le casse ordinarie di risparmio, con le banche ed i banchieri privati, le casse postali hanno consentito alla Cassa depositi e prestiti, che ne amministra i fondi, di diventare la maggiore banca d'Italia; hanno fatto dello stato, qualunque sia il giudizio che di siffatta novità si voglia fare, il primo banchiere d'Italia; e, dopo di avere raccolto 2 miliardi, si apprestano, con l'elevamento del limite dei depositi a 6000 lire, con la istituzione degli assegni e delle stanze di compensazione postali, a raccogliere in avvenire somme ancor maggiori. Né il loro giganteggiare ha nociuto ai concorrenti, che dovettero e devono tuttodì escogitare nuovi più perfetti congegni bancari per resistere nella lotta diuturna, la quale non lascia né vincitori né vinti. Non è questo forse la bellezza della libertà: di assegnare la vittoria a tutti quanti sanno rendere servigio alle genti umane?

16 aprile 1913

VINCOLI LEGALI O RIFORMA DI VOCABOLARIO? (A PROPOSITO DI DEPOSITI A RISPARMIO PRESSO LA BANCA ORDINARIA)

Recenti clamorosi incidenti, di cui il principalissimo fu quello della Banca di Varese, hanno richiamato l'attenzione del pubblico e dei governanti sulla eventuale convenienza di esercitare una sorveglianza sui risparmi affidati ad istituti di credito, banche popolari, casse rurali ed altre maniere di società bancarie, non assoggettati alle regole che vincolano le casse ordinarie di risparmio. Un articolo 6 di un disegno di legge presentato dall'on. Nitti nella seduta del 19 febbraio scorso intorno al «riordinamento dei servizi del ministero di agricoltura, industria e commercio» si propone appunto di iniziare l'opera di sorveglianza dello stato sui risparmi affidati ad istituti privati.

Confesso che l'avere appiccicato questo articolo 6, come altri articoli sostanziali riflettenti altre materie, ad un disegno che ha carattere amministrativo e si riassume nella solita revisione degli organici, con relativo incremento della burocrazia nostra sovrana, non sembra un espediente adatto a provocare una attenta discussione del nuovo principio che viene introdotto nella nostra legislazione. Trattasi di una norma che assoggetta le banche in genere, finora libere, alla sorveglianza governativa; norma che moltissimi legislatori non hanno mai voluto sancire e che alcuni pochi hanno approvato solo dopo matura discussione. Volerla far approvare in Italia come se si trattasse di una semplice formalità amministrativa attinente agli organici di un ministero è andar contro alla realtà e può far presumere ciò che non è, ossia che si voglia evitare sull'argomento un'ampia discussione.

Confesso altresì che, nell'esaminare il contenuto della norma nuovamente proposta, non posso sottrarmi ad un ragionevole scetticismo; essendo evidente la quasi impossibilità di escogitare cautele che sul serio possano tutelare i risparmi che il pubblico vuole affidare altrui. La miglior tutela deve essere la prudenza e la oculatezza del risparmiatore; e queste qualità non sono in alcun modo sostituibili dalla prudenza e dalla oculatezza di sorveglianti governativi. Lo stato non può tutelare al cento per cento i risparmi se non dando la propria garanzia per il rimborso. Il che fa già colle sue casse postali di risparmio; e non è opportuno faccia per i risparmi depositati presso enti semi-pubblici o privati indipendenti dall'amministrazione governativa. Perché «garantire» per conto altrui impone l'obbligo di sorvegliare, guidare, ordinare, ossia sostituirsi agli amministratori delle casse e delle banche; nel qual caso meglio gioverebbe – se non fosse per altri motivi assurdo e dannoso – proibire senz'altro a tutti di accettare risparmi, avocandone il monopolio allo stato. Lo stato non solo non può «garantire» i risparmi, ma non può nemmeno esercitare una sorveglianza siffatta che implichi una qualsiasi sua responsabilità nella gestione degli istituti sorvegliati. Dappertutto dove gli stati sorvegliano, si è avuto cura di sorvegliare in modo che la sorveglianza non significasse affidamento dato ai risparmiatori che i loro denari sono siffattamente tutelati dallo stato da non correre più nessun pericolo. Siffatto affidamento, qualora si radicasse nella mente dei risparmiatori: 1) implicherebbe una responsabilità, almeno morale, dello stato nelle eventuali perdite; 2) indurrebbe i risparmiatori a non esercitare essi quella prudenza che sola è massimamente efficace; 3) confonderebbe gli istituti buoni coi cattivi, tutti egualmente sorvegliati, e darebbe modo ai poco onesti di accaparrare i risparmi degli ignari, mettendosi quasi sotto l'egida della tutela dello stato.

Data la necessità di eliminare da essa qualsiasi responsabilità finanziaria o morale, la sorveglianza dello stato non può essere che formale, direi quasi esteriore, rivolta ad accertare l'esistenza di certi estremi che si suppongono a priori costituire una garanzia per i risparmiatori. L'articolo 6, difatti, proposto dal ministero, dice:

1) che gli istituti di credito commerciale, i quali raccolgono depositi a risparmio in misura cosidetta «non eccessiva» ossia non superiore al triplo della somma costituente l'importo complessivo del loro capitale e del loro fondo di riserva, continueranno a godere del regime di assoluta libertà;

2) che gli istituti, i quali raccolgono depositi a risparmio in misura superiore al triplo e non superiore a dieci volte l'ammontare del capitale e delle riserve, saranno sottoposti alla vigilanza del ministero di agricoltura, industria e commercio, vigilanza limitata però al potere di fare eseguire ispezioni periodiche e straordinarie agli istituti;

3) che gli istituti, i quali superino coi depositi la proporzione di dieci volte l'ammontare del capitale e delle riserve, oltre alla vigilanza, saranno soggetti all'obbligo di devolvere a riserve i due terzi degli utili annuali. L'istituto che non osservasse questa norma dovrà, a richiesta del pubblico ministero, porsi in liquidazione.

Sono norme, come si vede, formali, esteriori, le quali nulla possono assicurare intorno alla solvibilità effettiva degli istituti raccoglitori di risparmio, e solo si limitano a stabilire dei rapporti numerici fra capitale e riserve da un lato e depositi a risparmio dall'altro. Non si avrà così una garanzia efficace per i risparmi e si imporranno pastoie dannose alle banche ordinarie e private e sovratutto alle banche e casse medie e piccole, di cui moltissime, specie nel campo del credito cooperativo o popolare, sono riuscite ad attrarre depositi in cifra superiore al triplo del capitale e delle riserve. Il progetto, se lascia perciò indifferenti le grandi banche, è importantissimo per i medi istituti, la cui esistenza è così necessaria ad impedire il monopolio di talune poche grandi banche ed a sovvenire ai bisogni del minuto commercio, dell'agricoltura e dell'industria media e piccola. Né a caso ho aggiunto «banche private»; poiché, secondo la dizione dell'articolo 6, sfuggiranno all'obbligo dei rapporti fissi legali solo i banchieri singoli esercenti da soli l'industria bancaria. Le società in nome collettivo, le società in accomandita semplice dovranno lasciare visitare i loro libri dagli ispettori governativi, i quali vorranno accertarsi se esse abbiano depositi «a risparmio» e se questi non superino tre volte o dodici volte l'ammontare del capitale e delle riserve. E siccome il disegno di legge parla in genere di «società commerciali» e non di «banche», che del resto sarebbero enti difficili a definirsi, così è inevitabile che la burocrazia col tempo accampi la pretesa di esaminare i libri di qualunque società commerciale anonima, in accomandita semplice o per azioni, in nome collettivo, esercitante qualunque industria o commercio, per accertarsi che essa non riceva depositi, e che i depositi ricevuti non siano «a risparmio», ma in conto corrente ecc. ecc. Sono numerosissime le società commerciali che hanno depositi passivi in conto corrente. Stiano attente ai pericoli di cui l'articolo 6 può insidiosamente essere fecondo anche per esse!

Altre osservazioni si presentano spontanee alla mente; e qui le riferirò sommariamente:

1) Il rapporto fra capitale e depositi è uno solo dei fattori di sicurezza di una banca. A parità di altre condizioni, se due banche hanno amendue 10 milioni di depositi, sembra più sicura quella che possiede 5 milioni di capitali propri di quella che ne possiede soltanto uno. Il guaio si è che le altre condizioni possono essere tali e tante che la cifra aritmetica del capitale finisce di perdere ogni importanza. È difficile che una banca fallisca perché aveva un capitale troppo scarso in confronto ai depositi; mentre il fallimento è dovuto di solito al fatto che i dirigenti hanno amministrato male il capitale piccolo ed i depositi grossi; ed avrebbero ugualmente amministrato male il capitale grosso ed i depositi scarsi. La vera garanzia dei depositi non sta nell'esistenza di un notevole capitale; poiché il capitale può essere stato ingoiato da male speculazioni e da cattivi affari, così come furono ingoiati i depositi. Ma sta nell'esistenza di attività sicure, di buoni valori d'impiego contro ai depositi e contro al capitale; ed è tale garanzia codesta che dipende dalla capacità e dall'onestà degli amministratori, né può essere creata da empirici rapporti aritmetici fra capitali e depositi.

2) Come definiremo i depositi «a risparmio», a cui si riferisce la tutela dell'articolo 6, e come li distingueremo dagli «altri» depositi, in conto corrente o diversi, che la legge non contempla? Il testo del disegno di legge non dà nessun lume al riguardo e rimanda ad un regolamento di là da venire. Il legislatore ha usato accortezza a lavarsene le mani, perché il regolamento si troverà di fronte ad un'impresa assai ardua. Tutti i depositi, anche quelli di un correntista milionario presso una società industriale sono «risparmi»; e non è possibile distinguere sul serio i depositi «a risparmio» dagli «altri» depositi. Bisognerà contentarsi di qualche distinzione grossolana: considerare, per esempio, «risparmi» i depositi non superiori alle 6000 lire, che è il nuovo limite per i depositi delle casse postali di risparmio, od i depositi di cui non sia possibile disporre per via di un assegno bancario. Sono distinzioni incerte; perché un commerciante può avere un deposito inferiore a 6000 lire (saranno 6000 lire di media annua, o semestrale, o di massimo o minimo toccato nell'anno?) ed essere il suo un vero conto corrente commerciale, di quelli che il legislatore non vorrebbe considerare risparmi. La disponibilità per mezzo di assegni conferisce dal canto suo sicurezza ai depositi e dovrebbe farli considerare più prudenziali e non invece immeritevoli della tutela governativa.

3) Come impediremo che una banca malata cerchi di far passare i suoi depositi dalla categoria dei «risparmi» tutelati alla categoria dei «depositi» semplici non tutelati? Basterà offrire agevolezze migliori, saggi di frutto vari ai depositi «diversi» per vedere una banca, di cui si matura il dissesto, sottrarsi compiutamente ai vincoli legali.

4) Poiché la legge impone solo un rapporto tra il capitale ed i depositi «a risparmio», non potrà darsi che una banca osservi scrupolosamente i limiti legali, eppur si trovi in situazione pericolosa? È forse assurdo il caso di una banca che abbia 1 milione di capitale, 1 milione di depositi «a risparmio», 2 milioni di depositi in conto corrente e diversi (ecco come questa banca ha voluto, per inspirar fiducia, stare nei limiti legali anche tenendo conto dei conti correnti!); ma abbia 5 milioni di corrispondenti creditori? Il che vuol dire che la banca scontava cambiali d'ogni razza e, per far denaro, riscontava presso i corrispondenti creditori gran parte del portafoglio, mettendoci sotto il proprio avallo. Viene la crisi; e quel poco d'attivo che ci sarà dovrà essere diviso fra un milione di depositi a risparmio, 2 milioni di depositi in conto corrente e 5 milioni di corrispondenti creditori. I risparmiatori, che si credevano tranquilli, riceveranno forsanco un riparto di appena il 30%!

Mentre le disposizioni che possono essere escogitate per difendere i depositanti delle casse ordinarie non possono, data la necessità di non coinvolgere la responsabilità dello stato, riuscire ad un risultato efficace, credo per contro che possa attuarsi una norma, anch'essa formale, che in se stessa non importa alcun vincolo obbligatorio, che lascia liberi istituti, banche e banchieri di assoggettarvisi o non; e che, appunto per la sua elasticità, potrebbe essere più benefica di qualsiasi norma rigida ed aritmetica che possa essere architettata.

Partasi dalla premessa che nella mente del popolo minuto, il quale è il solo a cui ragionevolmente si vuol provvedere, il concetto di «risparmio» si è confuso, quasi compenetrato col concetto di deposito fatto presso un istituto pubblico o semi-pubblico: casse postali, cassa di risparmio delle provincie lombarde, casse ordinarie di risparmio. Il piccolo risparmiatore quando riceve un «libretto di risparmio» immagina che i suoi denari siano amministrati con la stessa cautela prudentissima con cui egli suppone siano geriti i fondi delle casse di risparmio. Né si può negare che banche e banchieri privati si giovino di questa convinzione, precisa ed oscura, del pubblico per attrarre depositi, offrendo di iscriverli su libretti a risparmio.

Fatta questa premessa, non parrebbe fuor di luogo che il legislatore facesse un piccolo strappo alla libertà del vocabolario. Liberissime le banche ordinarie di accettare quanti depositi vogliono e di amministrarli come credono; ma sia vietato ad esse ed a chiunque di rilasciare libretti intitolati di risparmio. C'è tanta ricchezza di parole e di sinonimi nel vocabolario italiano, che, parola più o parola meno, poco conta. Libretti di risparmio possono essere rilasciati solo da quelle banche, le quali volontariamente si assoggettino, per tutte le loro operazioni, alle norme regolatrici delle casse di risparmio ordinarie. Senza potersi chiamare esse stesse «casse di risparmio», diventerebbero tali di fatto. Una banca potrebbe istituire una sezione autonoma per ricevere depositi a risparmio; e siffatta sezione dovrebbe avere patrimonio speciale ed attività particolari, su cui non potessero mettere le mani gli altri creditori della banca. Una contabilità a parte dovrebbe essere tenuta per la sezione dei depositi a risparmio; e per essa dovrebbero applicarsi tutte le norme che, bene o male, esistono e sono applicate per le casse ordinarie di risparmio.

Norme consimili sono applicate in parecchi cantoni svizzeri e danno buoni frutti. Per una volta tanto mi permetto di citare un esempio straniero, sebbene io sia persuaso che di solito si imitano dall'estero solo le cose cattive, intorno a cui si fa gran baccano, mentre le istituzioni buone, nostre e forestiere, rimangono ignorate. I paesi dove i governi si sono contentati di fare un'opera apparentemente modesta, di puro vocabolario, sono probabilmente i soli che hanno concluso qualcosa. Vietando l'uso della parola «risparmio» a quelle banche che non si assoggettino alle norme regolatrici delle casse di risparmio, non si viola alcuna libertà sostanziale, bensì si toglie dalla mente del popolo una confusione verbale, si lasciano liberi gli istituti che non vogliono vincolarsi e si assoggettano a sorveglianza solo quelli che fanno opera che da tempo si considera degna di sorveglianza, come quella che si rivolge ai risparmi degli ignari. Una riforma di vocabolario può sembrare poca cosa; ma in fondo è riforma assai più sostanziale che non l'imporre regole rigide aritmetiche, semplicistiche sempre ed inefficaci sicuramente.

26 aprile 1913

INTORNO ALLA COSIDETTA TUTELA DEL RISPARMIO

Le osservazioni che sono state fatte dalla giunta generale del bilancio intorno al disegno di legge presentato per l'ampliamento degli organici del ministero d'agricoltura hanno provocato lunghe risposte ministeriali intorno al problema della tutela del risparmio, che indubbiamente è contenuto nell'articolo più interessante del disegno di legge. Le quali risposte dimostrano una cosa sola: le grandi difficoltà di escogitare sistemi di vigilanza che, di fronte al bene della prevenzione dei fallimenti bancari, non producano il male gravissimo della responsabilità morale dello stato sorvegliante per le azioni degli istituti sorvegliati. È indubbio che gli istituti buoni non traggono vantaggio dalla sorveglianza governativa, mentre di questa profitteranno quelli male amministrati per ispirare fiducia nel pubblico. Come non vedere che la «cosidetta» sorveglianza sarà feconda precisamente del male che essa pretende di impedire? E dicesi «cosidetta» perché, ad esercitarla sul serio, occorrerebbero nugoli di ispettori, che non sarà agevole trovare, nella copia necessaria e di capacità sufficiente; e, se esistessero, preferirebbero utilizzare più proficuamente nelle imprese private le loro attitudini.

Le risposte governative, avendo dovuto specificare meglio ciò che nella relazione era lasciato oscuro, accentuano l'impressione della gravità dei provvedimenti proposti.

In primo luogo affermano esplicitamente che non solo le banche ordinarie a forma di società per azioni od in accomandita per azioni o cooperative saranno assoggettate ai vincoli della legge ed eventualmente alle ispezioni governative; ma tutte «le società ed associazioni di qualunque specie che esercitano ecc.». Dunque, anche le società in nome collettivo ed in accomandita semplice e persino le società di fatto e qualunque ente comunque sia chiamato e qualunque industria eserciti, sarà assoggettato all'ispezione governativa. Se si pone mente, come si dirà subito, che nella definizione dei «depositi a risparmio», prima lasciata imprecisa, sono ora esplicitamente fatti rientrare tutti i depositi vincolati a termine, è manifesto che una qualunque ditta, purché non costituita da una persona sola, qualunque sia la forma scelta di società, legale o di fatto, potrà essere assoggettata ad ispezione per constatare se essa abbia ricevuto depositi vincolati a termine in somma superiore al triplo del capitale.

Questo della definizione del risparmio è il secondo problema che le risposte ministeriali mettono nella loro vera luce. Dapprima si era rinviata la definizione al regolamento «per poterlo meglio definire con maggiore elasticità, avuto riguardo alla opportunità di tener presenti le varie condizioni di fatto e di sventare con prontezza i probabili tentativi di frode da parte di qualche istituto»; il che vuol dire che i risparmi si sarebbero definiti di giorno in giorno ad arbitrio dell'ispettorato.

Oggi, si consente a togliere l'arbitrio; ma, come è naturale, si estende la definizione del risparmio sino ad abbracciare pressoché tutti i depositi, a qualunque specie appartengano. Infatti, sarebbero considerati «depositi a risparmio»:

1) quelli che hanno tale qualifica a norma degli ordinamenti dell'istituto che li riceve; e fin qui si può essere tutti d'accordo trattandosi della riforma del vocabolario in altro articolo reputata innocua;

2) i buoni fruttiferi ed in genere tutti i depositi vincolati a termine. E qui invece si può osservare che i risparmiatori modesti, di cui il legislatore esclusivamente si vuol preoccupare, poco amano i buoni fruttiferi ed i depositi vincolati a termine,

> poiché, importando essi una limitazione assai forte delle disponibilità delle somme depositate, non possono essere accetti alla maggior parte dei risparmiatori, i quali vogliono essere in grado di poter disporre ad ogni occorrenza con la maggiore facilità e speditezza dei loro risparmi.

Sono parole, che si leggono in una bella memoria statistica sul risparmio in Italia negli anni 1911-12, presentata or ora dal prof. Giuffrida, direttore generale del credito e previdenza, all'on. Nitti; e che avrebbero dovuto persuadere l'egregio scrittore della inopportunità di voler comprendere nella definizione del risparmio forme di depositi che egli stesso, da studioso spassionato, aveva giudicato antipatiche ai risparmiatori.

Ma forse si sono volute comprendere, perché la logica della sorveglianza porta a tutelare, oltre a quelli dei modesti risparmiatori, anche i depositi di coloro, i quali sono capacissimi di badare ai fatti propri e che, ad ogni modo, non si educano a diventare capaci addormentandoli nella fiducia della sorveglianza governativa. È questa inoltre una clausola la quale fa pendere la minaccia della ispezione sulle banche come sui cotonifici, su una fabbrica di automobili, come sul negoziante che esercita il suo commercio mercé conti correnti altrui vincolati a termine;

3) e finalmente i depositi di qualunque qualifica quando, a norma degli ordinamenti dell'istituto che li riceve, i rimborsi siano fatti con preavviso che possa essere superiore ad un mese o per cifra giornaliera inferiore a mille lire. Il quale ultimo termine della definizione ha il pregio di essere incomprensibile; essendo incerto che cosa mai significhi un preavviso, che può essere superiore ad un mese. O il depositante ha il diritto di farsi rimborsare la somma con un preavviso non superiore ad un mese o non l'ha; ed in questo caso soltanto sembra che il ministero voglia assoggettare il suo deposito a vincolo, reputandolo più pericoloso dei depositi rimborsabili a vista od a brevissima scadenza.

L'opinione può essere in contrasto colla realtà; essendoché molte banche sono fallite non già per aver impiegato male i depositi a lunga scadenza; ma per aver impiegato in prestiti a lunga scadenza i depositi a vista od a breve scadenza. Una banca può avere 10 milioni di ottime attività, non però prontamente realizzabili. Se la banca ha solo depositi vincolati a lunga scadenza, essa può far fronte ai suoi impegni e non corre alcun pericolo; mentre può fallire se essa ha fatto quegli impieghi a lunga scadenza con depositi a vista. Eppure il ministero vuole tutelare i depositi a lunga scadenza e lasciare indisturbati i depositi a breve scadenza!

A parer mio, farebbe meglio a lasciarli indisturbati tutti; ma bisogna riconoscere che sono nel vero quelli fra i fautori della sorveglianza che già fin d'ora insistono sulla necessità di estendere la sorveglianza a tutti i depositi in conto corrente e dei corrispondenti creditori. Ogni distinzione invero è arbitraria; ed una volta ammesso il principio, bisogna accettarne le logiche conseguenze. E nemmeno qui ci fermeremo;

poiché sono logici coloro i quali, già adesso, vorrebbero che lo stato prescrivesse le maniere di impiego dei depositi, con una proporzione obbligatoria di titoli di stato o di cartelle fondiarie ecc. ecc.

Provveda chi ha occhi per scorgere nel non lontano avvenire gli effetti di questa malsana tendenza. Osserva il Geisser in un articolo che comparirà nel prossimo fascicolo de «La riforma sociale» di Torino, che una delle maggiori cause della scarsa diffusione del credito agrario in Italia in confronto della Germania sta nell'assorbire, che fanno le casse postali di risparmio, il capitale accumulato nelle campagne per riversarlo negli impieghi di valori pubblici o in mutui ad enti locali. È questo il lato negativo dell'ascensione brillantissima dei depositi nelle casse postali di risparmio. Vogliamo noi intensificare questo pernicioso indirizzo, convertendo banche e banchieri privati in agenti dello stato incaricati di ricevere depositi e comprare valori pubblici? Dove andranno agricoltura, industrie e commerci a procurarsi i capitali di cui hanno bisogno?

A dimostrare viemmeglio quanto sia empirica l'opinione che la necessità della sorveglianza cominci quando i depositi superino il triplo del capitale e delle riserve, basti una osservazione: a questa stregua sarebbero sottoposte a vigilanza le maggiori banche del mondo, quelle che incarnano il tipo più perfetto della banca pura di depositi e sconti, aliena da speculazioni per titoli, da impieghi a lunga scadenza in sovvenzioni all'industria, voglio dire le banche inglesi. Al 30 giugno 1912 le 43 banche inglesi per azioni dell'Inghilterra e Galles, esclusa la Banca d'Inghilterra che si trova in una situazione speciale, avevano in complesso un capitale proprio, comprese le riserve ed i profitti non distribuiti, di 82.766.204 lire sterline, contro al quale stavano lire sterline 752.602.183 di depositi e conti correnti. Altro che triplo del capitale! Si giunge quasi a quel decuplo che, nella sapienza del nostro legislatore, costituisce l'inizio del pericolo massimo e fa obbligo alle banche pericolanti di destinare a riserva i due terzi degli utili annui. Se quelle banche, famose nella storia economica, che hanno avuto fra i direttori, uomini, i cui libri fanno testo nella pratica bancaria, funzionassero in Italia, noi assisteremmo allo spettacolo comico della burocrazia romana che vorrebbe, a mezzo di un ispettore nominato per concorso regolare e provveduto dello stipendio di 5000 lire, far la lezione alla *Lloyds Bank*, solo perché questa ardisce di avere lire sterline 86.925.261 (2 miliardi e 175 milioni di lire italiane) di depositi con appena 4.208.672 sterline di capitale versato e lire sterline 2.900.000 di riserve; od alla *London City and Midland* che ha lire sterline 77.707.785 di depositi e conti correnti contro lire sterline 7.379.552 di capitale e riserve. Al digiuno gli azionisti della *London City*, colpevoli del reato di avere in depositi più del decuplo del capitale e riserve! Al digiuno del pari gli azionisti della *London County and Westminster* che hanno 78.828.797 lire sterline, di depositi contro appena 7 milioni e mezzo di capitale e riserve!

Si potrebbe continuare con altri esempi di banche famose, a cui i burocrati romani, se quelle avessero la disgrazia di vivere sotto il loro impero, vorrebbero imporre le loro regole onniscienti; a cominciare dal *Crédit Lyonnais* che ha 352 milioni di franchi tra capitale e riserve e quasi due miliardi di depositi e conti correnti, per finire colla *Deutsche Bank* con 350 milioni di lire circa tra capitale e riserve ed 1 miliardo e 875 milioni di depositi e conti correnti. Tutti vigilati speciali questi colossi che si chiamano con i nomi famosi di *Lloyds Bank*, *London City*, *London County and Westminster*, *Crédit Lyonnais* e *Deutsche Bank!*

Per non seguitare nell'elenco, che sarebbe lunghissimo, dei vigilati stranieri, preferisco chiudere con una tabellina che ho ricavata da quella utilissima pubblicazione che è l'*Annuario di notizie statistiche sulle principali società italiane per azioni*, edito dal Credito italiano. Premettasi che i compilatori dell'*Annuario*, i quali sono banchieri sul serio, non fanno alcuna distinzione tra depositi a risparmio ed altri depositi, perché ben sanno essere distinzione insussistente e che non potrà durare, se anche la scriveranno nella legge. Ecco ora lo specchietto, che si riferisce al 31 dicembre 1911 (in milioni di lire):

	Capitale e riserve	*Depositi*	*Creditori diversi e riscontri passivi*
Banco di Roma	157,2	138,9	120,1
Banca commerciale italiana	180,5	297,1	451
Credito italiano	85	167,3	249,6
Società bancaria italiana	40,5	45	68,2
Società italiana di credito provinciale	13,2	32,7	33,8
Banca veneta di depositi e conti correnti	4,8	20,7	6
Banco ambrosiano	3,8	18,4	9,5
Banca lombarda di depositi e conti correnti	4,2	17,7	7,9
Banca di Varese di depositi e conti correnti	2,7	5,8	19,8

Date queste cifre, il ministero si sarebbe creduto in obbligo di ispezionare la Banca veneta di depositi e conti correnti, il Banco ambrosiano e la Banca lombarda di depositi e conti correnti, tutti istituti i quali godono reputazione di saggia e prudente amministrazione, a stento avrebbe lasciato fuori la Società italiana di credito provinciale (ex Banco di Busto Arsizio) ed avrebbe rispettato l'indipendenza dei quattro maggiori istituti solo grazie all'altezza del loro capitale. Ma sovratutto, l'amministrazione avrebbe lasciata indisturbata la Banca di Varese di depositi e conti correnti. O che essa non aveva forse depositi poco più che doppi del capitale e delle riserve? È vero che la grossa cifra, in confronto ai depositi, di 19,8 milioni di creditori diversi e riscontri passivi indicava una situazione malsana; ma la legge sarebbe stata formalmente osservata ed i funzionari sarebbero passati oltre, salvo a far le grandi meraviglie per il fallimento avvenuto contro tutte le buone regole scritte nella legge. Se l'esempio italiano è calzante a dimostrare l'inanità delle legislazioni di paterna tutela, non meno calzante è l'esempio inglese. La *London County and Westminster* e le altre banche vigilate e ridotte alla ragione congrua vivono e prosperano; ed è fallita la *Birbeck Bank*, creata ad immagine e somiglianza della perfetta banca immaginata dai nostri romani pastori. Impiegava i depositi in consolidati inglesi ed in altri valori pubblici; immaginando di essere al sicuro. Ma, ad un certo punto, i consolidati cominciarono a ribassare, poterono essere realizzati solo con perdita, i depositanti presero paura e la banca fallì. Quando mai si vorrà comprendere questa semplicissima verità: che i fallimenti capitano sempre contro le regole e che, a moltiplicare queste, si frastornano i buoni e si lasciano indisturbati i cattivi?

5 maggio 1913

LA TUTELA DEL RISPARMIO E I PRECEDENTI LEGISLATIVI ITALIANI

Le modificazioni che la giunta generale del bilancio ha proposto al primitivo disegno di legge sul riordinamento dei servizi del ministero di agricoltura, si possono riassumere in due:

a) la definizione precisa dei depositi a risparmio, i quali sarebbero quelli soli che hanno tale qualifica da parte delle società o banche che li ricevono; o, che non avendo tale qualifica, fruttano un interesse non superiore a quello servito dalle casse postali di risparmio e di cui il depositante non possa ottenere il rimborso mediante l'uso di assegni bancari.

La definizione in parte è corretta, perché innocua. Essa accoglie il concetto esposto ripetutamente su queste colonne: che la riforma debba limitarsi alla proibizione di usare la parola «risparmio» fatta a coloro i quali non si vogliono assoggettare alla vigilanza governativa. Ma la giunta generale del bilancio ha voluto aggiungere qualcosa alla riforma di vocabolario; ed ha detto che sono altresì depositi a risparmi quelli che fruttano non meno, ossia di più, dei depositi postali (oggi 2,64%), e che non siano rimborsabili con assegni bancari. L'effetto, come bene osservò l'on. Nitti, sarebbe di spingere le banche a diffondere largamente l'uso degli assegni, allo scopo di sottrarsi alla vigilanza governativa. E sarebbe, a parer mio, effetto ottimo di un provvedimento non buono. In Italia, come in Francia ed in Germania, si ricorre troppo poco agli assegni bancari, i quali riescono tanto utili in Inghilterra e negli Stati uniti per risparmiare l'uso della moneta metallica e dei biglietti. È noto che nei paesi anglosassoni, grazie specialmente all'uso degli assegni sbarrati (*crossed checks*), non c'è commerciante o privato che non ricorra per i suoi pagamenti agli assegni; ed è noto che in Francia ed in Germania le autorità bancarie più eminenti, a cominciare dai direttori generali della Banca di Francia e della Banca imperiale tedesca, fanno una propaganda assidua per diffondere l'uso degli assegni. Se le norme proposte dalla giunta generale del bilancio dovessero essere approvate, produrrebbero dunque almeno un beneficio: di popolarizzare l'uso degli assegni. Probabilmente sarebbe l'unico vantaggio;

b) l'obbligo fatto alle società od associazioni che accettano depositi a risparmio, definiti come sopra si è detto, di impiegare almeno un quinto dell'ammontare dei depositi stessi in buoni del tesoro, in titoli redimibili o in altri titoli di stato o garantiti dallo stato, in fedi di deposito (*warrants*) dei magazzini generali riconosciute dallo stato, e in cartelle emesse dagli istituti autorizzati ad esercitare il credito fondiario in Italia.

Era facile prevedere che si finiva qui. Oggi è il quinto, domani sarà il terzo e poi la metà dei depositi che dovrà essere impiegato in tal modo. Ma è davvero opportuno obbligare le banche e casse ad impiegare i loro depositi in titoli pubblici o in mutui fondiari? Ed è specialmente opportuno oggi, che commercio, industria ed agricoltura si lamentano del rincaro del denaro e della difficoltà di trovare crediti? Non sarà esacerbato il fenomeno che oggi già si lamenta, dell'assorbimento dei capitali dei piccoli centri e delle campagne a pro degli impieghi pubblici?

Sovrattutto importa ripetere una osservazione già fatta: che gli impieghi in valori pubblici od in cartelle fondiarie non sono tecnicamente convenienti per istituti che debbono mantenere i loro capitali liquidi e facilmente realizzabili. Ottimi impieghi, ma non adatti a questo speciale scopo, se non in quella elastica proporzione che ogni direttore di banca deve poter determinare volta per volta. Non ricorderò nuovamente il fatto clamoroso, a suo tempo commentatissimo in tutti i giornali inglesi, dell'unica banca londinese fallita negli ultimi anni, la *Birbeck Bank*, e fallita per avere avuto fiducia nei consolidati, che poterono essere venduti solo con perdite.

Noterò invece, ripetendo una argomentazione letta in questi giorni nel «Momento economico» di Milano, che tutta la nostra legislazione italiana è stata per il passato orientata contro la tendenza che oggi si vuol fare prevalere. Quale fu uno dei maggiori meriti degli on. Giolitti, Luzzatti e Stringher in materia di impieghi degli istituti di emissione dal 1893 in poi? Di avere costretto, indotto, consigliato i banchi a diminuire gli impieghi in valori pubblici per accrescere quelli in carta commerciale. Tutti sono d'accordo che siffatta trasformazione di impieghi sia stata uno dei progressi più segnalati della tecnica bancaria italiana negli ultimi vent'anni. Gli impieghi in valori pubblici fin qui dai nostri uomini di stato furono considerati per le banche vere e proprie immobilizzazioni, mentre lo sconto di carta commerciale è l'impiego tipo, più sicuro, più facilmente realizzabile, più liquido che possa proporsi una banca la quale riceva depositi. Anche recentemente, nel dicembre 1912, lo Stringher si procacciava lodi per avere richiesto e il governo per aver fatto approvare dal parlamento un articolo di legge, con cui si autorizzava la Banca d'Italia a diminuire la sua scorta di titoli di 40 milioni ed a crescere di altrettanto il suo portafoglio bancario. Così facendo, banca, governo e parlamento rendevano omaggio alle norme classiche e universalmente riconosciute della sana tecnica bancaria. Perché oggi si vorrebbe imporre alle banche private l'osservanza di una regola che parve, e giustamente, dannosa per gli istituti di emissione?

22 maggio 1913

L'ASSORBIMENTO DEL RISPARMIO NAZIONALE E IL FINANZIAMENTO DEGLI ENTI PUBBLICI

Uno dei punti su cui il programma governativo ha insistito con particolare compiacimento fu il successo dell'Istituto nazionale delle assicurazioni, il quale ha già riscattato da 23 delle compagnie private preesistenti ben 122.206 polizze per un capitale assicurato di 792 milioni, oltre a 4 milioni di rendite vitalizie, e si è saputo procurare un portafoglio nuovo di 22.119 polizze per un capitale di 172.721.801 lire. Non è detto a quale somma di riserve matematiche oggi esistenti corrisponda questo capitale assicurato a scadenza futura; ma sebbene naturalmente la cifra sia assai minore, non può fare a meno di essere vistosa. Come il capo del governo ebbe ripetutamente a dichiarare, l'istituto nazionale intende, fra gli altri suoi scopi, ricevere dagli assicurati ed accumulare fondi, i quali devono servire al cosidetto finanziamento dello stato e degli enti locali. Sia lecito, a chi a suo tempo ha combattuto il monopolio delle assicurazioni sulla vita, di additare l'importanza del problema che fa sorgere la prospettiva di un così gigantesco cumulo di fondi nelle mani dello stato. Ora che l'istituto nazionale è un fatto, sembra venuto il tempo di discutere questo problema di interesse generale, a cui si era appena accennato, sebbene fossero già allora vive le preoccupazioni a cui dava origine l'agglomerarsi di risparmi popolari nelle casse dello stato.

Il programma, indubbiamente grandioso, il quale va svolgendosi sotto i nostri occhi, intende, per vie diverse, a raggiungere uno scopo: l'indipendenza finanziaria dello stato, dei comuni, delle provincie, dei consorzi agrari, forestali, di bonifica ecc. ecc., i quali, per soddisfare agli svariatissimi loro bisogni di credito, dovrebbero essere messi in grado di far a meno di ricorrere a banche, banchieri, risparmiatori privati italiani o stranieri, avendo a propria disposizione i fondi di taluni istituti pubblici di credito, e cioè:

– in primo luogo della Cassa depositi e prestiti, la grande banca di stato, la quale tiene, sebbene ignota al gran pubblico, il primissimo posto tra le banche italiane, coi suoi 3 miliardi circa di depositi, raccolti per mezzo delle casse postali di risparmio, a cui affluiscono per innumerevoli rivoli più di 2 miliardi di risparmi dei minuti risparmiatori, del Monte pensioni per i maestri elementari, con più di 180 milioni di fondi accumulati, del Monte pensioni per i segretari comunali, per i medici condotti, degli istituti ferroviari di previdenza, i depositi giudiziali, i depositi cauzionari ecc. ecc. La potenza finanziaria della Cassa depositi e prestiti fu cresciuta quest'anno con la legge la quale aumentava da 4 a 6000 lire il massimo dei depositi sui libretti delle casse postali di risparmio, e sarà ancora cresciuta coll'approvazione del disegno di legge annunciato dal ministro Calissano per la istituzione del servizio degli assegni postali. Automaticamente i fondi delle casse postali e dei vari monti pensioni amministrati dalla Cassa depositi e prestiti dovranno venir crescendo, sino a far parere piccole le somme odierne che già sembrano grandiose;

– in secondo luogo della Cassa nazionale di previdenza per la invalidità e vecchiaia degli operai, i cui fondi debbono oggi aggirarsi sui 150 milioni di lire; ma andranno crescendo rapidamente, quanto più cresceranno gli iscritti alla cassa. Un disegno di legge recente importerebbe la iscrizione di circa 120.000 salariati degli enti locali e delle opere pie; e se fosse sancito il principio della assicurazione obbligatoria degli operai, col triplice contributo degli operai, degli industriali e dello stato, i fondi accumulati non potrebbero non salire presto oltre il miliardo di lire;

– in terzo luogo dell'Istituto nazionale delle assicurazioni, i cui incassi dovrebbero non esser fin d'ora minori di circa 70 milioni di lire all'anno e, come ha previsto, sembrami con ragione, l'on. Nitti nel suo discorso di Muro Lucano, dovrebbero giungere fra 20 anni ad una cifra superiore ai 200 milioni di lire all'anno, con un totale di riserve matematiche superiore ai 2 miliardi di lire.

Appoggiato a queste tre formidabili forze: il risparmio popolare fluente verso la Cassa dei depositi e prestiti, i fondi delle assicurazioni sociali popolari concentrate nella Cassa nazionale di previdenza per la invalidità e la vecchiaia ed i fondi delle assicurazioni ordinarie sulla vita monopolizzate dall'Istituto nazionale delle assicurazioni, lo stato già oggi dispone di una massa la quale via via dovrà andar crescendo e non sarebbe a meravigliarsi in un decennio potesse raddoppiarsi.

L'attivo sicuro ed incontrovertibile del nuovo sistema bancario è l'accumulo di somme grandiose, mercé conferimenti compiuti per lo più da risparmiatori minuti e medi. Le classi lavoratrici, piccolo-borghesi, contadine, impiegatizie apportano il massimo contributo al cumulo. Sono risparmi tenui, che forse andrebbero dispersi o male impiegati, se non soccorresse l'aiuto della istituzione di stato, la quale agli ignavi ed ai diffidenti ispira fiducia. Entro i limiti in cui la fiducia è ottenuta colla persuasione ed è spontanea, l'opera di raccolta dei risparmi da parte dello stato non può non essere lodata. Esso non impedisce ad altre casse di risparmio, ad altre società di assicurazione – almeno per ora – ad altre banche di concorrere con lo stato nella raccolta dei risparmi; e se questi affluiscono alle sue casse, al merito suo non possiamo non inchinarci. Finché dura la concorrenza tra le istituzioni di stato e le istituzioni libere, è probabile che esse non si danneggino a vicenda; ma colla feconda concorrenza reciproca suscitino forze ed energie, le quali sarebbero rimaste nascoste ed inattive.

Quindi, per parlare ancora della raccolta dei capitali, la lode all'opera dello stato diventerà più incerta quando lo stato, non contento di raccogliere anch'esso risparmi e capitali, vorrà impedire ad altri di fare altrettanto, come nel 1923 accadrà per le assicurazioni sulla vita; e già ora diventerebbe dubbio se lo stato, come si propone col disegno di legge per la vigilanza dei risparmi depositati presso le banche ordinarie popolari e private, imporrà tali obblighi fastidiosi di impiego dei depositi ai suoi concorrenti da facilitare a se stesso la vittoria della feconda emulazione per la raccolta dei capitali.

Queste sono ombre dell'avvenire. Al presente si può affermare che la lode oscura di gran lunga ogni critica per quanto tocca alla raccolta dei capitali.

Una volta raccolti, questi capitali devono però essere impiegati. Qui è divenuta di moda recentemente un'orribile parola, che si chiama il «finanziamento» dello stato e degli enti locali. I miliardi raccolti dagli istituti di stato dovrebbero cioè esclusivamente servire a provvedere allo stato, ai comuni, alle provincie, ai consorzi le somme di cui essi hanno bisogno per le loro spese in conto capitale (costruzione di ferrovie, imprese coloniali, municipalizzazioni, acquedotti ecc.), sottraendo tutti questi enti alla necessità di ricorrere al mercato finanziario, ai banchieri e risparmiatori privati.

Formidabile problema, che in un articolo a mala pena si può porre, ma non discutere a fondo come meriterebbe. Un primo quesito pregiudiziale è il seguente: è utile che gli enti pubblici siano sottratti al giudizio ed al controllo del mercato finanziario? Se non esistesse la Cassa depositi e prestiti ed i comuni dovessero rivolgersi al mercato libero per ottenere i prestiti di cui hanno bisogno, come accade in Germania, in Inghilterra ed in tanti paesi del mondo, si vedrebbe ad esempio che Milano trova denaro al 4% e che un altro comune deve pagare il 5%; ed i cittadini-elettori sarebbero avvertiti del diverso giudizio che i banchieri – fini valutatori ed indipendenti da influenze politiche – fanno della gestione delle due città. Colla provvista da parte dello stato il giudizio vien dato dalla amministrazione. Siamo noi sicuri che esso sia altrettanto efficace? Siamo certi che i nostri organi rappresentativi ed amministrativi, che il controllo amministrativo, che i *referendum* popolari in materia di municipalizzazione funzionino tanto perfettamente da consentirci di fare a meno di quest'altro organo di controllo, indipendente e perfetto, che è il diverso saggio di interesse a cui diversi comuni sarebbero in grado di trovar denaro sul mercato libero? Purtroppo, le democrazie in ogni paese del mondo vanno trasformando le istituzioni rappresentative per modo che i consiglieri ed i deputati, i quali dovrebbero essere i frenatori delle spese, sono diventati gli eccitatori di esse. Sicché è divenuto vano il controllo dei parlamenti e dei consigli municipali sul bilancio delle spese, ed è urgente il bisogno di nuovi organi di controllo e di freno.

In Inghilterra il freno agli indebitamenti crescenti dei comuni per ogni sorta di abbellimenti, risanamenti, municipalizzazioni, fu dato dal crescere continuo del saggio dell'interesse per i prestiti sul mercato libero; e fu compito di un ministro operaio, il Burns, di vietar nuovi prestiti ai comuni, che avrebbero dovuto pagare usure troppo forti. Siamo sicuri che se i comuni potessero esclusivamente provvedersi presso gli istituti pubblici dei prestiti loro occorrenti, questo freno agirebbe ugualmente bene? I depositi agli istituti pubblici affluiscono al 2,50 od al 3%; e, costando poco, possono essere dati a mutuo a basso saggio di interesse. Il quesito è: conviene che in ogni caso e per tutti i loro bisogni di capitale gli enti pubblici sappiano dove provvedersi di denaro a buon mercato; o non sarebbe utile che gli istituti pubblici provvedessero solo ad una parte dei bisogni straordinari dei comuni, delle provincie, dei consorzi, come strade ordinarie, ponti, scuole, opere igieniche, acquedotti, bonifiche, rimboschimenti ecc., per cui può giustificarsi un tenue saggio di interesse, lasciando loro per tutto il resto correre liberamente l'alea degli alti o bassi saggi del mercato?

Altro problema delicato del cosidetto «finanziamento» pubblico è quello della sua «periodicità». I fondi alle casse postali, agli istituti di assicurazione sociale affluiscono con una certa regolarità. Ogni anno la Cassa depositi e prestiti – supponiamo accentrato in essa tutto questo maneggio di fondi – ha disponibili, fra incremento annuo dei fondi e rimborso da parte dei mutuatari di mutui precedenti, a cagion di esempio, 300, 400 o 500 milioni di lire. È certo che ogni anno alle disponibilità corrisponda altrettanta somma di bisogni a cui soddisfare? Probabilmente no. Vi saranno periodi in cui i fondi disponibili sono insufficienti alle richieste ed anni in cui vi sono disponibilità che non trovano conveniente ed utile impiego in prestiti allo stato ed agli enti pubblici locali. Se la cassa potesse scontar cambiali di privati, poco male; le esuberanze potrebbero essere impiegate a far incetta di portafoglio italiano od estero. Ma se la cassa deve investire tutti i suoi depositi in prestiti pubblici, non v'è il pericolo che a tratti il fattore politico acquisti una importanza eccessiva? Non è possibile che il fatto della esistenza delle disponibilità faccia sorgere bisogni che non erano in realtà né urgenti né importanti, e che non sarebbero soddisfatti, se non si trovasse il denaro al 3%? Non si corre forse il rischio di impiegare infruttuosamente parte del risparmio nazionale?

Qui si giunge al nodo della questione. I capitali che le casse pubbliche vanno accumulando per il «finanziamento» degli enti pubblici, sono sottratti al mercato generale del denaro. Lo stato crea cioè un mercato chiuso, dove affluiscono centinaia di milioni di risparmi della parte meno agiata della popolazione. Questi risparmi vengono destinati esclusivamente ai bisogni di credito dello stato in primo luogo – ferrovie, bonifiche, imprese coloniali ecc. – e degli enti e consorzi locali in secondo luogo. Dal mercato chiuso dei risparmi che chiamerò pubblici non una lira può essere tolta e destinata ai bisogni di credito dell'industria, dell'agricoltura, dei commerci. Accanto a questo mercato chiuso, ve n'è un altro, libero, presso le banche e le casse ordinarie a cui affluiscono gli altri risparmi, preferibilmente delle classi ricche, commercianti ed industriali. Il mercato libero è soggetto tuttavia alle richieste non solo dell'industria e dell'agricoltura, ma di nuovo dello stato e degli altri enti pubblici.

In un dato paese si formi ogni anno un miliardo di nuovo risparmio. Se il miliardo fosse egualmente accessibile a tutti coloro che hanno bisogno di somme a prestito, governi, comuni, provincie, agricoltori, industriali, commercianti ecc., a seconda dei loro meriti, il saggio dell'interesse medio sarebbe, per esempio, il 4%, con le naturali variazioni da caso a caso dovute al diverso credito dei vari debitori. Invece il fondo del miliardo si divide in due parti: 300 milioni vanno, ad un interesse bassissimo, dal 2,50 al 3%, a concentrarsi nel mercato chiuso degli istituti di stato a cui possono soltanto ricorrere lo stato e gli altri enti pubblici; e 700 milioni vanno al mercato libero, dove tutti, enti pubblici compresi, ne possono far richiesta. Non è probabile, per non dire certo, che i 300 milioni verranno impiegati in opere le quali rendono pecuniariamente poco e possono pagare solo un basso saggio di interesse; e che la concorrenza intorno agli altri 700 milioni, per le imprese realmente produttive, per i prestiti pubblici e privati, per cui si è disposti a pagare l'interesse corrente, sarà tale da far salire il saggio dell'interesse al disopra di quello che sarebbe stato se i due mercati fossero stati tra di loro comunicanti? Quanto più lo stato assorbe al 2,50 o 3%, tanto meno risparmio resta disponibile per gli altri impieghi liberi; sicché industria e agricoltura dovranno pagare il 5 od il 6% e forse più di interesse per i loro bisogni di capitale. Dal punto di vista dell'economia generale è utile che il rapporto fra il risparmio che si volge ai pubblici impieghi ed il risparmio che si volge agli investimenti privati venga così profondamente modificato a favore del primo, da aumentare fortemente il costo del capitale per le intraprese private?

Il problema non si pone soltanto in Italia. Due paesi stranieri, federali amendue, se lo videro sorgere dinanzi in questi tempi. Gli Stati uniti, volendo provvedere, tre anni or sono, alla istituzione delle casse postali di risparmio, vollero nel tempo stesso non prestare il fianco al rimprovero che quella istituzione non avesse solo lo scopo di facilitare il risparmio alle classi meno fortunate (aspetto luminoso dell'iniziativa) ma anche quello di accentrare formidabili somme a disposizione del governo centrale (lato oscuro o dubbio), e decretarono che, salvo un fondo di riserva, tutti i fondi dovessero dall'amministrazione postale essere depositati presso banche locali, in guisa che, nei limiti del possibile, il risparmio del contadino, dell'operaio, dell'impiegato, del commesso, servisse a fecondare miglioramenti agricoli, imprese industriali e commerciali, imprese municipali del luogo dove il risparmio si era formato.

La stessa preoccupazione, di non assorbire tutto il risparmio campagnuolo a favore delle città, di non togliere capitali alle industrie ed all'agricoltura, inspira altresì il governo federale svizzero. Il progetto che una commissione di uomini competenti ha recentemente elaborato stabilisce che l'impiego dei fondi raccolti dalle erigende casse postali di risparmio debba avvenire a cura della Banca nazionale svizzera. Almeno il 50% dei depositi dovrà essere impiegato in obbligazioni dei cantoni, comuni, banche cantonali ed altre banche e casse di risparmio solide e soggette alla pubblicazione dei loro bilanci, in modo che le varie parti del territorio nazionale possano disporre di una quota corrispondente all'importanza dei depositi compiuti nella medesima regione. La restante frazione dei depositi – dopo provveduto all'impiego del sovra menzionato 50% – dovrà essere collocata nel modo seguente: dal 20 al 25% come fondo di cassa; dal 45 al 50% in conto corrente presso la Banca nazionale od in cambiali estere tratte su paesi e valuta metallica; finalmente dal 25 al 30% in obbligazioni e buoni di cassa della Confederazione svizzera e delle ferrovie federali, come pure in buoni del tesoro di stati esteri.

La Svizzera ha adottato così una soluzione intermedia, la quale sembra raccomandabile. I fondi delle casse postali di risparmio devono cioè per la minor parte essere impiegati in mutui allo stato ed alle aziende statali, e per la maggior parte in mutui ai cantoni ed enti locali, in depositi presso banche e casse di risparmio ordinarie che li devolveranno a pro delle industrie e dei commerci; né si dimenticò l'opportunità, che del resto il nostro legislatore ha già riconosciuto per le riserve degli istituti di emissione italiani, di investire una frazione di quei fondi in cambiali sull'estero ed in buoni del tesoro di stati stranieri.

In tal modo si raggiunge l'intento di stabilire un canale di comunicazione tra il mercato dei risparmi pubblici ed il mercato dei risparmi privati. Il primo mercato non è, come in Italia, un campo chiuso riservato ai prestiti agli enti pubblici. Anche l'agricoltura e l'industria possono dissetarsi ad una fonte, la quale zampilla massimamente dal lavoro delle classi lavoratrici e contadine.

Inoltre si rimedia in parte al massimo pericolo delle agglomerazioni di denaro e quindi di influenza economica e politica in mano del governo. Questo non è libero negli Stati uniti e non lo sarà in Svizzera nell'impiego dei fondi pubblici; ma deve seguire norme precise di legge, che sono garanzie dell'indipendenza locale ed individuale contro le inframmettenze parlamentari e governative. Il plauso all'opera di chi raccoglie in Italia ora più di 3 miliardi e raccoglierà, in non lungo volgere di anni, 6 e forse 10 o più miliardi di lire di risparmio popolare, è plauso concorde di tutti. Ma chi può guardare senza timore all'illimitata libertà lasciata al governo, ossia alla amministrazione controllata dal parlamento, di ordinare l'impiego di queste grandiose somme? Finché esse erano una frazione relativamente tenue del risparmio nazionale, il pericolo era lieve; ora che esse ne sono una frazione rilevante e si prevede il crescere della loro importanza relativa, importa che il legislatore se ne preoccupi.

Uno stato di cose in cui i comuni, i consorzi, le società concessionarie dei servizi pubblici, le cooperative di lavoro e di produzione e finalmente anche gli industriali ed agricoltori privati, debbano dipendere dalle raccomandazioni del deputato e dal beneplacito della amministrazione, non sembra davvero un ideale. Poiché significa asservimento dell'individuo alla burocrazia, mancanza d'indipendenza negli enti locali, ribadimento delle catene che oggi mutuamente avvincono burocrazia, parlamento ed elettori, distruzione di quelle classi sociali indipendenti che sono la spina dorsale della società e da cui soltanto possono nascere governi forti e realmente progressivi.

14 ottobre 1913

I DEPOSITI NELLE BANCHE E NELLE CASSE DI RISPARMIO

Fiducia e resistenza: questa deve essere la parola d'ordine di tutti gli italiani nel momento presente. Di sentirsi sostenuti dalla volontà concorde di tutti hanno bisogno non soltanto gli eserciti in campo per guardare in faccia il nemico: ne hanno bisogno anche le popolazioni le quali si trovano più vicine al teatro della guerra. I forti abitanti delle regioni friulane e venete sappiano che l'Italia intera è con essi solidale e che a nessun sacrificio essa si sottrarrà nell'ora del pericolo. D'altra parte è dovere delle popolazioni, le quali sentono il rombo del cannone a difesa del suolo della patria, di non rendere più difficile il compito di chi deve provvedere a serbare intatto il ritmo della vita civile ed economica del paese. Qualche episodio – rarissimo d'altro canto, ché la fermezza d'animo degli abitanti delle regioni di confine non si smentisce nemmeno nelle ore tragiche – di ritiro di depositi dalle banche e dalle casse di risparmio richiede tuttavia una parola aperta di incitamento e di consiglio.

È necessario che l'episodio sporadico non si tramuti in una corsa generale ai ritiri dei depositi bancari e che il pubblico serbi inalterata la fiducia. Lo esige l'interesse del paese, lo consiglia l'interesse dei singoli. Se l'episodio si generalizzasse, se si tramutasse in panico i primi ad esserne danneggiati sarebbero i depositanti. Le banche e le casse di risparmio dovrebbero sospendere i rimborsi e il danno sarebbe inenarrabile. Se i depositanti, invece, conservano l'animo freddo e fiducioso, essi danno modo alle banche e alle casse di risparmio di provvedere anche alle eventualità, che tuttavia abbiamo ferma fede non si verificheranno mai, di dolorosi parziali abbandoni di territorio imposti da esigenze strategiche.

Con quali mezzi infatti una cassa di risparmio può far fronte al rimborso dei depositi? Col realizzo delle sue attività – cambiali di portafoglio, titoli, crediti – per mezzo di vendite e di risconti. Ma se tutti, sospinti da un panico ingiustificato, si affollano agli sportelli delle banche per chiedere il rimborso dei depositi, come può la banca o la cassa vendere in furia i suoi titoli, riscontare le cambiali e procurarsi le disponibilità? Anche la cassa più solida rischia di subire perdite fortissime e di non poter far fronte ai suoi impegni.

Se invece i depositanti conservano il loro sangue freddo, essi non corrono alcun pericolo e non lo fanno correre alla cassa in cui finora giustamente hanno riposto la loro fiducia. Se davvero, per ipotesi che fermamente crediamo non debba verificarsi, qualche altro borgo o qualche altra città dovesse essere sgombrata, già prima le banche o casse, che ivi hanno sedi o succursali, avranno provveduto a mettere in salvo portafoglio, titoli, documenti, riserve monetarie, tutto quanto insomma fa d'uopo e basta per provvedere alle domande di rimborso. Tutti i provvedimenti necessari sono indubbiamente stati presi. Fra le banche e le casse delle regioni friulane e venete e le banche e casse delle altre regioni d'Italia esistono già accordi per scambio di reciproci servizi ed assistenza. Gli accordi certamente saranno ora perfezionati in guisa da parare ad ogni eventualità. Il possessore d'un libretto di conto corrente o di risparmio per una qualunque banca o cassa deve trovar modo di ritirare i suoi depositi in altre città italiane, presso i corrispondenti dell'istituto di sua fiducia. Sono certo che lo Stringher, figlio egli stesso del nobile Friuli, ha già provveduto con paterna cura a dare tutto il sussidio della Banca d'Italia affinché il trapasso dei fondi da luogo a luogo si compia con la maggiore facilità.

Il panico nuocerebbe, dunque, ai depositanti medesimi; mentre la calma assicura che i sudati risparmi non subiscono alcun deprezzamento. La cosa deve essere guardata ancora da un altro punto di vista. Che cosa ricevono i depositanti quando si presentano agli sportelli della cassa a chiedere i rimborsi dei loro crediti? Biglietti di banca o biglietti di stato. Non oro, dunque, ma biglietti, ossia altri titoli di credito verso altre banche o verso le casse dello stato. Lasciandosi prendere da un senso ingiustificato di ansia, essi però in sostanza trasferiscono soltanto la loro fiducia dall'una all'altra banca, dall'una all'altra cassa. Così facendo, essi provocano vendite affrettate di titoli, deprezzamenti, costringono la Banca d'Italia e lo stato a emettere biglietti in più dell'indispensabile; e finiscono per un altro verso per danneggiare se stessi, contribuendo all'abbondanza, e quindi al deprezzamento, della carta-moneta e al rialzo del prezzo di tutte le cose necessarie alla vita. È certo che la Banca d'Italia e il tesoro dello stato, pur di evitare tutti questi danni, hanno già presi e intensificheranno tutti i provvedimenti che valgano a consentire alle banche e casse friulane e venete di rimborsare i propri depositi nelle altre città d'Italia.

La calma, che sinora è stata superbamente mantenuta di fronte all'invasione nemica, sarà serbata, dunque, anche nelle cose economiche, nei momenti di prova cui andiamo incontro, e sarà una calma la quale dimostrerà che le popolazioni venete e friulane, primissime tra le italiane nella cooperazione di credito, sanno che la salvezza di ognuno e di tutti sta nel tenersi stretti e fiduciosi attorno agli istituti e alle forze per cui l'Italia è divenuta degna di toccare un alto segno di civiltà economica e sociale.

3 novembre 1917

2.

LA SCALATA ALLE BANCHE

Nella estate del 1918 si ebbe il primo accenno in Italia di una mutazione nella struttura delle banche commerciali, la quale col tempo provocò poi un'altra mutazione, assai più radicale e pericolosa, di esse in banche di stato. Lamentavamo, innanzi al 1914, che le grandi banche ordinarie italiane, a differenza di quelle inglesi e ad imitazione del modello tedesco, oltre alle operazioni brevi di sconti e di anticipazioni per la fornitura del capitale circolante delle industrie e dei commerci, prendessero troppa parte alla fornitura all'industria del capitale di investimento a lunga scadenza. Dicevasi che le banche in tal modo diventassero padrone dell'industria e tendessero a persuadere i dirigenti di questa ad occuparsi non tanto della produzione a costi decrescenti di beni economici, quanto del promuovere l'aumento del prezzo delle azioni emesse dalle società ed accolte nel portafoglio delle banche in attesa di poterle collocare profittevolmente, a prezzi cresciuti nelle borse, sul mercato dei risparmiatori-investitori. La guerra, arricchendo le imprese dell'industria pesante, fornì ai loro dirigenti i mezzi per dare inizio alla pratica opposta: non più le banche padrone dell'industria; ma i grossi gruppi industriali, intesi ad acquistare le azioni delle banche, così da diventare padroni del pacchetto di maggioranza – e bastava per lo più una maggioranza relativa in un'assemblea di minori azionisti disorganizzati – e pronti a nominare consiglieri ed amministratori delegati ligi ai loro interessi. Il pericolo era grave: che pochi uomini disponessero dei depositi delle banche a vantaggio delle proprie intraprese (pp. 51-55). Per quella volta, il ministro del tesoro Nitti credette di aver risoluto il problema (art. del 2 luglio 1918, pp. 56 sgg.) col persuadere le quattro maggiori banche commerciali – Banca commerciale, Credito italiano, Banca italiana di sconto, Banco di Roma – a stipulare tra di loro un accordo di difesa contro l'assalto dei capi dell'industria pesante. Fin d'allora, la costituzione di un cartello delle banche era veduta con sospetto da chi dettava le presenti cronache (p. 57); e non dovevano passare molti anni perché le immobilizzazioni dei depositi a favore di talune grosse imprese industriali procacciassero dapprima la crisi della Banca italiana di sconto, gli interventi di salvataggio dello stato e poi la nazionalizzazione del sistema bancario italiano.

(Dalla *Prefazione* al volume quarto delle *Cronache*, pp. XXIX-XXX)

LA SCALATA ALLE BANCHE. MALANNI E RIMEDI

Come le cronache dei giornali narrano, si è accesa sui giornali italiani una polemica viva intorno ad un fenomeno interessante a cui si è dato il nome di «scalata alle banche». Prima della guerra ci lamentavamo che le banche fossero padrone dell'industria; oggi si depreca la tendenza contraria, per cui taluni grandi gruppi industriali vorrebbero o sarebbero riusciti a rendersi padroni delle banche.

Che esista una tendenza di taluni grandi gruppi industriali, di quella che in Germania direbbesi l'industria «pesante» del ferro, di ottenere una posizione di padronanza sulle banche italiane parmi indubitato.

Che questa tendenza sia pericolosa parmi altrettanto indubitato. Ho sempre guardato con pochissima simpatia al tentativo di affidare alle banche ordinarie il compito del credito «industriale», ossia delle sovvenzioni alle imprese industriali di denaro non per il giro corrente dei loro affari ma per impianti ed immobilizzazioni. Con molta prudenza, per una parte del loro capitale proprio, sì, ma con larghezza e coi denari dei depositanti, no. L'esperienza italiana in tal materia è scottante. Perché dimenticarla così presto? Con ancor minore simpatia bisogna guardare ai tentativi di specializzazione delle banche, ossia di trasformazione di esse da strumenti di credito per le industrie in generale in banche di credito per talune speciali industrie: le banche elettriche, le banche ferroviarie, le banche siderurgiche, le banche per l'esportazione sono difficilissime a creare ed a fare bene funzionare. Se una crisi colpisce quella industria, lo scredito si estende anche alla banca sovvenzionatrice. In un paese come il nostro, la compensazione dei rischi si impone ancor più che in Svizzera ed in Germania e nel Belgio, dove esiste qualche esempio fortunato di banche specializzate.

E finalmente, con ancor minore simpatia devono guardarsi i tentativi di dominazione delle banche da parte dei clienti delle banche stesse. Industriali e commercianti sono i dirigenti meno adatti delle banche. In Inghilterra, la quale, vogliasi o non, è ancora maestra al mondo in materia di banche, esiste, è vero, una eccezione grandiosa alla regola: come si sa, la Corte dei direttori della Banca d'Inghilterra è composta di mercanti e non di banchieri, i quali anzi ne sono rigidamente esclusi. Ma la eccezione conferma la regola; poiché la Corte dei direttori di fatto si recluta per cooptazione, ossia per chiamata nel proprio seno da parte dei direttori in carica, come fanno i professori di università e quindi non servirebbe a niente comprare molte azioni per entrare nel consiglio; ed in secondo luogo la Banca d'Inghilterra ha per clienti gli altri banchieri e non i mercanti. La regola aurea è: che i clienti industriali, i quali debbono comprare il credito, non debbono fissarne essi medesimi il prezzo e le modalità. Quando mai si è visto il compratore di scarpe fissare esso il prezzo, mentre il calzolaio sta a vedere? Purtroppo, di questi tempi si va persino all'eccesso opposto ed il cliente non può aprir bocca in faccia al calzolaio. Ma se questo è un eccesso, l'altro di vedere spadroneggiare nelle banche i clienti industriali è assai più pericoloso; poiché significa che i clienti possono adoprare a lor posta e magari sprecare i denari dei depositanti. Se il pubblico se ne accorge e prende paura, addio credito ordinario! I depositi si rifugierebbero esclusivamente nelle casse di risparmio e nelle banche popolari, che sono mirabili istituzioni, le quali in fondo compiono in Italia gran parte degli uffici che in Inghilterra spettano a quelle che là sono chiamate «banche»; ma che non possono supplire a tutte le funzioni per cui il credito ordinario è utile, anzi indispensabile.

Il pubblico non ha, a ragione, molta fiducia nei senatori, nei deputati e negli industriali come governatori di banche; e se l'andazzo presente continua, rischiamo di vedere nei consigli delle banche assai pochi banchieri ed invece molti uomini figurativi da un lato e parecchi grossi clienti dall'altro.

Dopo ciò, il lettore chiederà: quale rimedio proponete al malanno denunciato? Confesso che, per quanto ci abbia pensato, non sono riuscito a scoprire alcun rimedio legislativo, il quale sia efficace.

Ispezioni? Decreti che proibiscano dar credito eccessivo agli uni e non agli altri? Provvedimenti per concedere un credito speciale ai siderurgici? Divieto, a chi possiede i denari, di comprare azioni di banche ed a chi crede, ai prezzi correnti, opportuno disfarsene, di venderle? Obbligo della nominatività delle azioni per sapere chi sono i loro possessori? Lo spediente, il quale più probabilmente sarà adottato, pare debba essere quello della nominatività obbligatoria delle azioni di banche. L'on. Nitti, che lo mise innanzi, non diede alcun motivo della sua opinione; sicché io debbo continuare a credere che non sia possibile rispondere alle obiezioni che da me e da altri ripetutamente furono mosse contro siffatto spediente. Oggi, con la facilità di abusare dei decreti luogotenenziali per scopi che non hanno nulla a che vedere colla guerra, si renderanno nominative le azioni delle banche. Ma nessun decreto riuscirà a rendere ragionevole ciò che è cervellotico, fecondo ciò che è sterile, savio ciò che nessuna esperienza di nessun paese giustifica. Quante volte, ad esempio, dovrò ripetere che la nominatività delle azioni – non necessaria fiscalmente, ché qualunque imposta sul reddito, sul patrimonio e di successione può repartirsi equamente anche colle azioni al portatore, mentre la nominatività non garantisce affatto la equa ripartizione – non ha impedito altrove, come negli Stati uniti, cose ben peggiori di quelle denunciate tra noi.

Anche se lo conoscessi, sarei peritante ad esporre un rimedio specifico, perché quasi certamente sarebbe male applicato. Forse due volte in vita mia ho invocato su questo giornale un intervento dello stato in materie economiche. La prima volta fu quando dissi che a certe condizioni un monopolio dei cambi sarebbe stato utile. Me ne pento amaramente e faccio pubblica ammenda di quel trascorso momentaneo. Tutti parlano male dell'istituto dei cambi; il quale, al solito, fa il padreterno, inasprisce i cambi, crea una macchina spaventosa per il dopo guerra e ci lascerà alla firma della pace senza un bioccolo di cotone, senza un filo di lana, senza una pelle ecc. ecc. Almeno questo è quanto si sente dire dappertutto ed ho paura non siano esagerazioni. L'altra volta che proposi un intervento dello stato, fu per invocare la proibizione delle nuove emissioni di azioni senza il consenso personale del ministro del tesoro. Volevo che in Italia, come nei paesi nostri alleati, il ministro del tesoro giudicasse rapidamente, sotto la sua personale responsabilità, se una data emissione fosse compatibile con le necessità di denaro del tesoro. Unica ragione del proposto divieto era la necessità di incanalare tutto il denaro disponibile verso il tesoro. Non avessi mai scritto una ingenuità simile! A Roma afferrarono l'idea, per costruirci su un'altra di quelle commissioni che si diranno in avvenire non più piaghe d'Egitto, ma piaghe della guerra e del dopo guerra. Una serqua di funzionari, a priori incompetenti e senza la possibilità di acquistar competenza, giudica quali siano le azioni degne di essere emesse, tenendo anche conto delle necessità di impedire concorrenze eccessive ecc. ecc. Queste enormità un tempo sarebbero state giudicate assai severamente, come quelle che assoggettano lo sviluppo dell'economia italiana al beneplacito ed al sospetto di favoritismo dei soliti padreterni irresponsabili del ministero dell'industria.

Perciò se io avessi un rimedio specifico contro la scalata alle banche, forse non oserei metterlo fuori, per paura di aiutare ancor più i gruppi industriali più procaccianti e più vicini al potere ad entrare nella piazza forte del credito. Per fortuna non sono riuscito ad indovinare quale sia qualcuno dei rimedi specifici che pare esistano abbondanti a nostra portata; e non debbo perciò superare nessuno scrupolo di coscienza: tacere per paura di peggio o tirar fuori il farmaco?

I soli rimedi efficaci non sono legislativi, ma di costume e di controllo vigile dei depositanti, degli azionisti e dell'opinione pubblica seria; tutte cose che, se non ci sono, non si creano a colpi di decreti luogotenenziali. Tutt'al più posso aggiungere di conoscere un solo rimedio generico, molto generico, molto vecchio e perciò guardato di malocchio, contro gli abusi del credito e della speculazione: ed è il rincaro del denaro. Il denaro è spaventosamente a buon mercato oggi in Italia. Vi è una filza di titoli oggi tra noi che fanno deporto; ossia che si possono vendere a 100 a contanti e ricomprare a 99,50 o meno a fine mese, godendo per niente ed anzi con un abbuono, il denaro per un mese intiero. E su molti altri titoli i riporti sono al 3, al 4 o al 4,50%. Lo stato paga il 6% sui suoi prestiti; ed i privati speculatori che vogliono comprare azioni e tenerle per la speranza del rialzo trovano denaro al 4%! Il denaro è così abbondante che altri trova comodo e non troppo costoso dare il denaro gratuitamente e per giunta un premio per ottenere la disponibilità delle azioni necessarie a dare la scalata alle banche ed ai consigli di amministrazione di questa o quella società!

Non dico che il denaro caro farebbe scomparire tutto ciò. Non ho, ripeto, alcun cerotto da offrire al pubblico. Ma dico che il denaro a vil prezzo crea un ambiente speculativo, di allegria, di ottimismo in cui tutte le imprese sono possibili.

Rendere il denaro caro è oggi compito e dovere dell'on. Nitti. Compito non facile, lo ammetto. Ma tale che bisogna affrontare. Perché seguitare a pagare in biglietti i fornitori ed i clienti dello stato? Paghi in buoni del tesoro non una quarta od una terza parte ma i due terzi o la totalità. Paghi per i contratti vecchi, se occorre, con un sovraprezzo del 6 o del 7% per indennizzarli della perdita che dovranno subire scontando i buoni alle banche. Ma freni l'aumento della circolazione in tutti i modi possibili. Ogni biglietto emesso in più ingrossa i depositi delle banche, è uno stimolo alla speculazione, a progetti pazzeschi, ai tentativi di dominazione. Ogni buono, invece, emesso al posto dei biglietti, obbliga chi lo riceve a ricorrere per sconto alle banche, e costringe queste a limitare i fondi disponibili per speculazioni borsistiche. Il dilemma è chiaro e preciso.

4 giugno 1918

L'ACCORDO FRA LE BANCHE

Un comunicato del ministero del tesoro ha annunciato che tra la Banca commerciale, il Credito italiano, la Banca italiana di sconto ed il Banco di Roma, fu, per invito del ministro Nitti, conchiuso un accordo col quale, pur rimanendo integra l'assoluta indipendenza di opere e di direttive di ciascun istituto, si coordina e si disciplina la esplicazione delle loro singole attività durante la guerra e nei due anni susseguenti alla cessazione delle ostilità. I quattro istituti dovranno esaminare insieme le condizioni praticate per le principali categorie di operazioni bancarie, le fissazioni di limiti comuni più favorevoli alla clientela per le aperture di credito, per le anticipazioni, per le provvigioni di conti correnti, per i mutui di rilevante importanza e di interesse generale del paese, per i prestiti ad enti pubblici, e quelli industriali di notevole importanza per l'economia nazionale. Il comunicato conclude annunciando la costituzione di un'associazione fra banche e banchieri italiani, la quale dia opera ad estendere l'accordo ad altri istituti, banche minori e ditte bancarie private.

L'avvenimento, che così si comunica al pubblico, può diventare il fatto più importante da lunghi anni accaduto nel campo bancario ed industriale italiano; e merita perciò un breve commento.

Che la costituzione di un'associazione fra i banchieri italiani – grandi e piccoli – fosse utile, non v'è dubbio. Associazioni consimili esistono in Inghilterra, in Francia, in Germania, negli Stati uniti, ed hanno per iscopo lo studio dei problemi interessanti l'industria bancaria, la proposta e la critica di provvedimenti legislativi, l'incoraggiamento agli studi bancari da parte dei giovani e la preparazione, con conferenze, con corsi di lezioni, con premi, di un personale bancario scelto ed istruito. Si può anche affermare che una associazione siffatta farebbe cosa utile facilitando le informazioni sulla clientela, promuovendo – entro certi limiti di riservatezza – scambio di notizie sulla esposizione cambiaria e creditizia di taluni clienti. Epperciò, se l'intesa promossa dal ministro del tesoro risponde a queste esigenze, deve essere lodata.

Ossequio alla verità ed al bene pubblico comandano però di mettere chiaramente in luce come l'accordo promosso dal ministro del tesoro vada ben al di là di questi che sono i compiti delle più salde associazioni di banchieri esistenti all'estero. Nel comunicato ministeriale si parla di «accordi», di «coordinamento», di «disciplina» delle attività delle banche federate; si parla persino di «cartello» delle quattro grandi banche che «per la prima volta concordi in un armonico programma» dovrebbero imprimere durante la guerra e per due anni di poi un indirizzo unitario all'industria bancaria italiana. Si dice che quest'azione concorde dovrà «avviare la produzione italiana a non essere tributaria dell'estero, a creare enti per la conquista di nuovi mercati ed a compiere azione solidale perché i fini nazionali dello stato siano assecondati dal comune accordo delle banche».

Delle intenzioni non giova occuparsi, ché si deve sottintendere siano ottime. Ma il mezzo adottato è idoneo a raggiungere davvero fini di utilità nazionale?

Prima della guerra, se si interrogavano industriali e commercianti, una delle ragioni più sentite, sebbene per ragionevoli motivi meno apertamente manifestate, di malcontento era precisamente l'opinione, in cui essi vivevano, che esistesse un tacito accordo tra le banche, il quale limitava le agevolezze di credito e dava alle banche eccessive potestà di controllo sulle industrie. Oggi invece di «banche padrone delle industrie» si parla di «scalata alle banche». Ma per quanto la posizione sembri rovesciata, il primo atto di governo compiuto in seguito alla polemica per la scalata alle banche – ed è precisamente il «cartello» promosso dall'on. Nitti – non sembra tale da assicurare il mondo dell'industria e del commercio.

Si pensi: «Le maggiori imprese italiane, quelle che vantano capitali di 50, di 100 ed ora di 500 milioni di lire, sono oramai più o meno tutte interessate nelle grandi banche e rappresentate nei loro consigli. Alla loro volta le grandi banche sono oramai riunite in un 'cartello' – voce tedesca, corrispondente all'americana *trust*, alla francese sindacato ed all'italiana consorzio – a cui si vuole siano affiliate anche le banche minori ed i banchieri privati. Il cartello pare debba fissare norme comuni per gli sconti, per le anticipazioni, per le aperture di credito. Da esso dipenderà – grazie alla eliminazione delle maniere inutili e dannose di concorrenza – il giudizio intorno al credito che il tale e tale altro industriale meriterà, da esso l'insieme del credito da farsi alle industrie di notevole importanza nazionale, da esso l'incoraggiamento alle esportazioni all'estero».

È tutta una visione di una industria italiana che nel dopo guerra muoverà alla conquista del mondo sotto la guida di un «cartello» bancario, nei cui consigli noi sappiamo già essere dominanti le maggiori imprese industriali del paese. Una campagna giornalistica partita dalla preoccupazione di garantire i miliardi di depositi bancari contro il pericolo della padronanza di pochi industriali avrebbe concluso col mettere sotto il patronato di un solo gruppo, o cartello, o *trust* bancario anche i depositi delle piccole e medie banche e, per giunta, tutta la clientela industriale e commerciale!

Tutto ciò sa molto di «disciplina», di «coordinamento», di «armonie» e di «nazionalizzazione» tipo germanico; ma dubito assai che la piccola, la media ed anche la grande, se non forse la grandissima, industria italiana lo abbia a trovare di suo gradimento. Sovratutto non so comprendere perché l'on. Nitti spenda tanta parte delle sue attività in cose, le quali non sono precisamente quelle di cui si interessa oggi l'opinione pubblica e che veramente importano all'interesse nazionale. Oggi, in tema di tesoro, le questioni che interessano sono quelle dei cambi, dei prestiti a gitto continuo per mezzo di buoni del tesoro, delle imposte nuove da creare e delle vecchie da riformare. Gli italiani attendono dal ministro del tesoro un'azione continua in questo campo; nessuno pensava alla preparazione di un forte *trust* bancario che nel dopo guerra tenga in mano, ammettasi pure coi migliori propositi di questo mondo, tutta l'industria e tutto il commercio del paese.

Non sono soltanto gli italiani a vedere un pericolo in questi tentativi di monopolio bancario. In Inghilterra l'opinione pubblica si è vivamente commossa nel vedere il moltiplicarsi delle fusioni di banche, che facevano sorgere all'orizzonte lo spettro di un *Money Trust*, di un cartello bancario, come alla tedesca si ama dir da noi. Dal 1891 al 1917 le banche private in Inghilterra erano diminuite in numero da 37 a 6 e le banche per azioni da 106 a 34. Se finissero per diventare tanto poche che un accordo tra loro fosse possibile, quale sarebbe la sorte dell'industria e del commercio; dove se ne andrebbe la libertà e la scioltezza del mercato monetario londinese, che fecero dell'Inghilterra il centro finanziario del mondo?

Le preoccupazioni parvero tanto fondate, che il governo nominò un comitato di inchiesta; il quale già riferì e già propose provvedimenti atti a frenare la tendenza alle fusioni bancarie ed a fomentare la concorrenza tra le banche a vantaggio dell'industria.

In Italia sembra che sia invece diventato un canone che occorre reprimere «le forme inutili e dannose di concorrenza» e promuovere accordi e cartelli bancari. E quel che è più singolare la tendenza alla trustificazione dell'industria bancaria è promossa da quel ministro il quale dovrebbe tutelare gli interessi generali del paese.

2 luglio 1918

LA NUOVA SCALATA ALLE BANCHE E I SUOI INSEGNAMENTI

Il mondo delle borse è nuovamente messo a rumore da una di quelle operazioni che due anni fa avevano preso il nome di scalata alle banche. Le azioni della Banca commerciale italiana, le quali il 5 corrente valevano ancora 1250 lire, volarono il 10 perfino a 2300 lire e chiudono oggi 11 a 1750 lire. Le cronache dei giornali hanno già spiegato trattarsi di una lotta fra due gruppi, quello cosidetto Marsaglia, ossia degli attuali amministratori della Commerciale, e quello detto dei fratelli Perrone, dirigenti della Società Ansaldo e già largamente interessati nella Banca italiana di sconto. Due anni fa era stato convenuto che le azioni possedute dai due gruppi fossero messe in sindacato e non potessero intervenire alle assemblee generali se non con voto dato in un sol senso, in seguito ad accordo delle due parti. Poiché le azioni non bloccate pare fossero uguali ai due terzi del totale, per un po' le cose stettero tranquille. Dicesi che ora siasi risvegliata la voglia in uno dei due gruppi di impadronirsi della banca; sebbene nessuno dei due voglia essere stato il primo a dare fuoco alle polveri. Di qui compre, le quali dapprima passarono inavvertite, ma poi spinsero l'altro gruppo a replicare con altrettante compre. La lotta, inacerbitasi in questi ultimi giorni quando poco tempo manca alla scadenza del 19 marzo per il deposito dei titoli per la prossima assemblea generale, ha condotto agli attuali spostamenti di prezzo di centinaia di punti al giorno. Comunque la cosa finisca, o con la vittoria di uno dei due gruppi o con un accordo, è certo che una grave perturbazione è stata inflitta al mercato per interessi puramente privati e con nocumento del credito in generale delle banche, le quali, per la loro funzione, dovrebbero mantenersi in una atmosfera serena lontana dalle passioni e dalle sopraffazioni di gruppi di clienti, gli uni contro gli altri armati.

Non so se la cronaca sopra riferita sia in tutto esatta. Né importa discuterla troppo, per quanto ha tratto agli interessi privati in giuoco. Coloro che oggi gridano allo scandalo sono in parte venditori allo scoperto, i quali, persuasi che il prezzo di 1200 lire fosse eccessivo ed esorbitanti quelli di 1300 e 1400, vendettero azioni della Commerciale senza averle, nella fiducia di potersi ricoprire, ossia ricomprare ad un minor prezzo e lucrare la differenza. Adesso costoro guardano con terrore ai prezzi fantastici che debbono pagare per ricoprirsi, e col loro terrore e con le loro affannose domande sono uno dei coefficienti dell'ascesa.

Lo spettacolo delle grida affannose dei ribassisti ha sempre avuto un sapor di comico; né mi sono mai soverchiamente intenerito sulle sorti di chi, senza avere le cognizioni necessarie del mercato e del titolo, giuoca la propria fortuna e la propria reputazione vendendo la roba che non ha e non saprebbe come procurarsi quando ne fosse effettivamente chiesta dal compratore la consegna.

Nel caso presente il problema si complica per le conseguenze di quello che da anni mi ostino a considerare un errore della vigente legislazione di borsa. Gli articoli 34 e 40 del regolamento 4 agosto 1913 per l'esecuzione della legge sulle borse stabiliscono che il compratore di un titolo ha sempre diritto, anche quando abbia comprato per consegna a fine mese, di farsi consegnare il titolo subito, a richiesta, purché sia fatta offerta del pagamento immediato del prezzo per contanti. La norma ha per effetto di distruggere potenzialmente il mercato a termine, lasciando sussistere solo i contratti a contanti. È una concezione infantile, codificata da un legislatore incapace a comprendere il meccanismo della vita economica contemporanea ed incapace a capire che i contratti a contanti sono, per titoli e le merci, quello che nei trasporti è il carro su strade ordinarie in confronto delle ferrovie o delle automobili.

Tutt'al più possiamo sopprimere i contratti a termine in tempo di guerra, se si vuole impedire addirittura, per buone o cattive ragioni, che si facciano contratti. Se, tuttavia, fa d'uopo contrattare, non lo si può senza aver riguardo all'avvenire, senza impegnarsi per il futuro, ossia senza contratti a termine. La quale verità è talmente lampante che di solito il cosidetto diritto di sconto, ossia il diritto di farsi consegnare subito ciò che si è comprato per consegna futura, cade in desuetudine, perché i contraenti lo considerano una bricconata, una immoralità. Quasi sempre, quando taluno esercita il diritto di sconto, lo fa per mancare ad un impegno contratto o per compiere qualche tiro mancino. Nel caso attuale, il compratore di azioni della Commerciale si vuol far consegnare subito le azioni che si era convenuto doversi consegnare alla fine del mese – e su cui tacitamente si era rinunciato per desuetudine al diritto di sconto – allo scopo di depositarle entro il 19 corrente e di spadroneggiare alla prossima assemblea. La morale dei contraenti, la quale comanda di osservare il patto convenuto – consegna a fine mese – è superiore a quella del legislatore, il quale ne consente la violazione. Lo scandalo odierno avrebbe prodotto qualche utilità se persuadesse il governo ad abolire senz'altro quel diritto immorale che è il diritto di sconto, riservandone tutt'al più l'esercizio al ministro del tesoro nei casi, a parer mio rarissimi, in cui esso possa addimostrarsi davvero utile alla difesa dei titoli di stato.

Lo scandalo odierno è ammonitore anche sotto un altro rispetto. Non si comprano decine di migliaia di titoli da 1000 e da 2000 lire l'uno senza avere la disponibilità di centinaia di milioni di lire. Donde sono venuti fuori tutti questi denari? Voglio sperare che ai Marsaglia ed ai Perrone i denari non siano stati forniti né dalla Banca commerciale né dalla Banca italiana di sconto e neppure dall'Ansaldo o da altre società anonime in cui i gruppi contendenti sono interessati. Sarebbe un malo uso dei denari forniti da depositanti e da azionisti per tutt'altro scopo. Deve dunque trattarsi di denaro proprio dei gruppi contendenti. Se così è, ricordo che nel regio decreto-legge 24 novembre 1919, n. 2164, riguardante l'imposta sugli aumenti di patrimonio derivanti dalla guerra, si legge un articolo 5, il quale dice che:

> Quando risulti che a costituire il patrimonio del contribuente siano entrati cespiti nuovi dopo il 1° agosto 1914 e si abbia fondato motivo di ritenere che essi derivino da realizzazione di guadagni conseguiti in dipendenza della guerra, si terrà conto del corrispondente importo nel valutare l'aumento del patrimonio.

In virtù di questo articolo, un disgraziato acquisitore di terreni o di case per il valore di 50.000 lire sarà messo in croce per dimostrare che non li acquistò con denaro di guerra.

Se si fosse ascoltato l'avviso di coloro i quali volevano che i titoli di ogni specie fossero messi al nome, per accertare esattamente l'imposta dovuta, gli agenti delle imposte potrebbero domani chiamare i compratori di titoli di ogni specie e chiedere loro: quando e dove avete guadagnato i denari con cui avete acquistato queste e quelle azioni od obbligazioni o titoli? Trattasi di utili di guerra? Avete pagata o è in corso di liquidazione l'imposta sui sovraprofitti? Sarebbe altresì possibile applicare la decretata imposta sugli aumenti di patrimonio.

La conclusione principale che si può trarre dalla nuova scalata alle banche è che il fenomeno rafforzi la tesi di coloro i quali ritengono che la maggiore riforma tributaria possibile stia nella severità degli accertamenti; e che la condizione prima da osservarsi all'uopo sia la nominatività obbligatoria. Si intende, senza vessazioni burocratiche, senza spesa di bolli, senza tormenti per i venditori e i compratori.

Auguriamoci che i ministeri del tesoro, delle finanze e dell'industria studino alacremente il problema, interroghino i pratici competenti e sappiano preparare il passaggio dall'uno all'altro sistema con avvedutezza. Se non si prepara nulla, un bel giorno, quando non se ne potrà fare a meno, salterà fuori un decreto improvvisato che promulgherà da un giorno all'altro una nominatività così balordamente concepita da provocare un nuovo finimondo e screditare fin dal principio un sistema che per funzionar bene deve essere attentamente studiato e sapientemente preparato.

12 marzo 1920

BANCHE ED AUMENTI DI CAPITALE

Il campo delle banche è nuovamente messo a rumore. A breve distanza dal cosidetto assalto alla Banca commerciale, l'avv. Ernesto Turletti di Torino invia al parlamento una petizione per chiedere un'inchiesta contro diverse persone, fra cui anche taluni membri del gabinetto Nitti, allo scopo di fare luce sopra il retroscena di un recente aumento di capitale della Commerciale. Il problema sollevato dal Turletti è abbastanza importante, perché, facendo astrazione da ogni rilievo personale, non sia doveroso esporne l'essenza. Cercherò di fare i necessari conteggi con la maggiore semplicità possibile, riducendo i dati ai pochissimi indispensabili.

Il capitale della Banca commerciale era fin qui di 260 milioni di lire, diviso in 520.000 azioni da 500 lire nominali l'una. La borsa valuta però quelle azioni circa 1300 lire l'una, dando così al capitale della banca un valore patrimoniale (capitale versato, riserve ed avviamento) di 676 milioni di lire in complesso. L'assemblea del 30 marzo decise di elevare il capitale sociale da 260 a 400 milioni nominali di lire, emettendo le occorrenti 280.000 nuove azioni al prezzo di 800 lire, intermedio fra il valore nominale, di 500 lire e quello effettivo di 1300 lire. Se tutte le 280.000 nuove azioni fossero state assegnate agli azionisti vecchi, non ci sarebbe stato alcun inconveniente ad emettere le nuove azioni ad 800 lire e neppure a 500 lire. Gli azionisti avrebbero versato 280.000 x 800 lire ossia 224 milioni di lire; e questi 224 milioni aggiunti ai 676 già esistenti prima avrebbero dato un patrimonio totale di 900 milioni di lire. Il valore medio delle vecchie e delle nuove azioni, 800.000 in tutto, sarebbe stato di 1125 lire ossia un po' meno delle 1300 lire che valgono oggi le vecchie azioni ed un po' più delle 800 lire versate sulle nuove. Gli azionisti avrebbero guadagnato sulle nuove esattamente quel che perdevano sulle vecchie: operazione normalissima e perfettamente corretta.

Ma ciò supponeva che tutte le 280.000 nuove azioni venissero date ai vecchi azionisti, cosicché essi potessero compensare la perdita col lucro. Invece, sulle 280.000 azioni nuove appena 104.000 sono riservate ai vecchi azionisti; mentre 176.000 sono concesse, ad 800 lire, ad un gruppo finanziario composto di quegli amici della Commerciale che l'avevano difesa nel marzo scorso contro gli assalti del gruppo Perrone ed avevano finito per riscattare dai Perrone un grosso blocco di azioni pagate a caro, sebbene imprecisato, prezzo. Quale la conseguenza? Che le 176.000 azioni nuove vengono sottratte ai veri proprietari, che sono i vecchi azionisti; questi vedono le loro azioni vecchie ridursi da un intrinseco di 1300 lire ad un intrinseco di sole 1125 lire, a causa del maggior numero di azioni tra cui riserve ed avviamento debbono dividersi; ma non ne ottengono il dovuto compenso col poter sottoscrivere ad 800 lire tutte le azioni nuove. Una parte, una grossa parte anzi, di queste viene attribuita al gruppo degli amici della Commerciale, i quali lucrano la differenza fra 800 lire, prezzo di sottoscrizione, e 1125 lire, prezzo futuro delle azioni. È un lucro di 57.370.000 lire, conseguito dal gruppo a spese degli azionisti della Commerciale.

L'avv. Turletti, il quale adopera altre cifre, che per brevità non posso riprodurre, valuta anzi la perdita degli azionisti in 73,2 milioni di lire. Indignato, invoca un'inchiesta parlamentare.

Sarebbe stato bene che il denunciatore si fosse indignato con altrettanto fervore di parola contro l'identico fatto che sta avvenendo per il Credito italiano. Anche qui, si eleva il capitale da 200 a 300 milioni di lire; e le 200.000 nuove azioni si emettono a 600 lire, prezzo intermedio fra il nominale di 500 e l'effettivo di 835 lire. Anche qui, però, soltanto 80.000 delle nuove azioni vengono riservate agli azionisti. Le altre 120.000 vengono concesse, pure a 600 lire, ad un gruppo di amici del Credito, i quali avevano difeso, anch'essi, la banca dagli assalti mossi, dicesi, dagli industriali signori Agnelli e Gualino ed avevano dovuto ricomprare da questi a caro prezzo un grosso stock di azioni. Il gruppo guadagna, fatti i conti, 20 milioni di lire a spese degli azionisti.

Tutto ciò ha fatto male il denunciante a tacere nella sua petizione al parlamento; e tutto ciò è bene mettere in rilievo. Dopo di che si può essere d'accordo col denunciante nel riconoscere che, in sostanza, il gruppo degli amici della Commerciale, pur facendo l'anzidetto lucro di 57 o 73 milioni, fu a tanto indotto «dalla necessità per risarcirsi di quel danno che avrebbe subito nella difesa della banca».

Il punto vivo della questione è tutto qui. È vero, è indiscutibile che i due gruppi portano via un ragguardevole numero di milioni agli azionisti della Commerciale e del Credito. Ma essi possono rispondere: «Non per lucrare ci siamo decisi a danneggiare così gli azionisti; ma unicamente per risarcirci del danno subito nel difendere le banche, ossia in fondo gli azionisti, dal pericolo di cadere nelle mani dei Perrone, degli Agnelli e dei Gualino, degnissime persone per fermo, ma clienti delle banche medesime, e quindi aventi interessi collidenti con quelli delle banche».

L'osservatore spassionato, il quale non ha fiducia nella capacità dei parlamenti, dei governi e dei decreti a porre riparo a tutti questi inconvenienti ed ha invece una qualche ragionevole fiducia nella virtù della critica, della pubblicità e della opinione pubblica, dice: «Ai difensori delle banche potrà nel caso specifico concedersi sanatoria per la sottrazione commessa a danno degli azionisti quando essi rendano il conto preciso del dare e dell'avere; delle perdite subite nel difendere le banche e del guadagno ottenuto con l'assegnazione privilegiata delle nuove azioni». Il conto deve tornare; ché un lucro netto, anche piccolo, sarebbe veramente illecito e scandaloso. A questa sola condizione gli azionisti potranno darsi pace del danno sofferto. Né basta. I gruppi degli amici delle banche – adopero questa terminologia, che vedo accolta da altri, sebbene io non sappia di chi siano composti – devono persuadersi che le banche compiono nella società moderna una funzione così gelosa e delicata da doversi ad ogni costo evitare tutto questo discorrere di assalti e di difese, di danni subiti e di risarcimenti a spese degli azionisti. Questi si sveglino e pensino ai casi loro: la loro è una proprietà che merita di essere tutelata e che impone doveri. Gli azionisti delle banche sono i fiduciari di molti miliardi del risparmio nazionale, i quali miliardi sono accorsi nella fiducia di essere amministrati nell'interesse dei depositanti e non in quello dei clienti della banca. Solo in questo modo, solo impedendo ad uno o più clienti di impadronirsi della banca, si può fare alla lunga l'interesse degli altri clienti, della grande massa dei clienti. La banca non deve essere una casa di vetro nel senso che tutti possano conoscere ciò che la banca fa o si propone di fare. Sarebbe questa la rovina del credito. Ma la banca deve essere una istituzione cristallina, la quale inspira fiducia perché si sa che gli amministratori curano solo gli interessi degli azionisti; e si sa che gli interessi degli azionisti coincidono con quelli dei depositanti e dei clienti. Nonostante tutto, la banca privata – privata in senso stretto o per azioni – raggiunge risultati sociali a cui la banca pubblica non può aspirare o non può aspirar da sola.

Leggo sempre le relazioni dei direttori delle grandi e gloriose banche inglesi: quale fierezza nel narrare l'opera annua della banca, la storia antica, i servigi resi al pubblico! Chi parla e chi pensa mai lassù ad assalti a banche? I dividendi guadagnati dagli azionisti non sono un ben meritato compenso dei grandi servigi resi alla società? Così deve anche essere in Italia. Auguriamoci che assalti e difese siano ben presto ricordi del passato; e che in avvenire i giornali non abbiano più ad intervenire ammonitori in una materia così delicata come il credito, del quale ben si può dire che esso è tanto più alto quanto meno se ne parla.

13 maggio 1920

L'INCHIESTA SULLA SCALATA ALLE BANCHE. L'AMBIENTE ED I LIMITI

La discussione alla camera intorno alla scalata alle banche è naturalmente finita nel modo che i tempi comportano: con la deliberazione di un'inchiesta parlamentare. Sia lecito, ad ogni modo, esprimere liberamente il proprio pensiero in proposito. Indubbiamente, i fatti venuti alla luce nel marzo scorso, divulgati per i giornali ed esposti nella petizione del 5 maggio dall'avv. Turletti e nella memoria aggiunta del 30 giugno sono tali da rendere necessario l'intervento della magistratura inquirente per accertare se e da chi si siano commessi reati contro il pubblico erario o contro privati cittadini. Chi ha rotto deve pagare, qualunque sia la sua posizione sociale e finanziaria. Se il reato fu commesso da qualcuno di coloro che il volgo qualifica miliardari – ricordiamo, a proposito di questa qualifica, che i veri miliardari sono rarissimi nella loro stessa patria d'origine, gli Stati uniti, e che parlarne tanto in Italia, come ora si usa, quasiché molti se ne contassero da noi, ha l'inconveniente di fare passare il nostro paese per ricchissimo sovra tutti gli altri, cosa leggermente esagerata e forse pericolosa – a maggior ragione conviene si proceda senza pietà per essi. L'avv. Turletti nella sua memoria parla della necessità di far cessare al più presto possibile «il più immorale esempio di audacia e di delinquenza spavalda ed impunita che da Verre ad oggi abbia infestata l'Italia». Il linguaggio è forse un po' magniloquente; ma se i fatti esistono, a far condannare i nuovi Verre non sarà necessaria l'eloquenza di Cicerone; basterà l'ossequio alla giustizia di una magistratura indipendente.

Ben distinto parmi debba essere il compito della magistratura ordinaria e delle commissioni parlamentari intorno a questi fatti. Spetta al magistrato ordinario accertare il reato commesso, se ci fu, e punire i singoli colpevoli. Gli accusati avrebbero ragione di lamentarsi di essere trascinati dinanzi ad un tribunale straordinario, per rispondere dei loro atti. Non solo lo statuto, ma i principii elementari di tutela delle libertà individuali contro gli arbitri governativi vietano che un accusato sia sottratto ai suoi giudici naturali e sottoposto ad un tribunale istituito dopo il fatto commesso per giudicare di esso in modo particolare. Anche se quel tribunale si chiamasse commissione parlamentare e fosse istituito da una legge regolarmente approvata dal parlamento e sanzionata dal re, rimarrebbe ciononostante un tribunale iniquo e privo di ogni autorità morale. Ogni cittadino – sia anche appartenente alla classe, che pare destinata ad essere messa al bando dell'acqua e del fuoco, dei miliardari o milionari o semplici possessori di centomila lire svilite – ha il diritto, il quale da nessuno, nemmeno dal parlamento, gli può essere negato, al suo giudice naturale; il che vuol dire al giudice eletto a conoscere del reato a lui imputato prima che esso fosse commesso. Sono principii elementari, a cui certamente non si rinuncerà mai in Italia, almeno fino a che tra di noi duri un governo libero e non sia instaurata la dittatura di un uomo solo o del proletariato.

Tutt'altro, ed altissimo, è il compito delle commissioni d'inchiesta parlamentari. Esse, volendo riuscire davvero utili al paese, debbono indagare sui fatti avvenuti, i quali hanno commosso l'opinione pubblica, allo scopo di proporre al governo ed al parlamento quei provvedimenti legislativi, i quali valgano ad impedire che in futuro si ripetano i medesimi fatti dannosi all'interesse pubblico. Se, nel corso dell'indagine, vengono alla luce fatti singoli a carico di determinate persone, i quali rivestano la figura di reato, le commissioni inquirenti debbono richiamare su di essi l'attenzione del magistrato ordinario, affinché questi provveda a fare severa ed esemplare giustizia.

Tanto meglio la commissione d'inchiesta riuscirà nel suo compito quanto più le sue indagini saranno ampie e suffragate da indagini tecniche precise. In Italia vantiamo due grandi inchieste bancarie, le quali sono state utilissime e feconde: quella sulla istituzione del corso forzoso nel 1866 e sulle sue vicende e sui suoi effetti; e l'altra sulle banche d'emissione, occasionata dallo scandalo della Banca romana. Ambe le inchieste furono coronate da provvedimenti legislativi di gran momento; e perciò rimasero memorande e sono tutt'ora degne di studio attento. Chi volesse, potrebbe anche ricordare talune famosissime inchieste bancarie inglesi, a cominciare da quella conclusa colla presentazione del celebre *Bullion Report*, primo documento ufficiale, il quale abbia distrutto i tenacissimi errori che uomini di governo e parlamentari e pubblicisti concordemente professavano durante le guerre napoleoniche a proposito di banche e moneta. Giovano, a conseguire risultati degni, la pubblicità delle sedute, l'interrogatorio di periti appartenenti al mondo delle banche, delle borse e delle industrie, il contradittorio fra gli appartenenti ad interessi diversi e contrastanti. Una inchiesta segreta, condotta da uomini politici, anche imparziali, non affida. La materia bancaria è invero tecnica e delicatissima; è quella intorno a cui la scienza economica sa dire di più e meglio di quanto non sappia dire in qualsiasi altro campo dei suoi studi. Le dottrine sulla banca, sulla moneta e sulle borse sono le più elaborate fra quelle conosciute, di gran lunga più precise e più perfette di quelle relative ad altri argomenti, per esempio ai problemi genericamente conosciuti col nome di problemi sociali. Mentre in questi dominano le passioni e le soluzioni sono incerte e vaghe, nei problemi bancari impera il rigore e la precisione; rigore e precisione che talvolta si è quasi tentati di paragonare a quelli in uso nelle scienze fisiche e matematiche.

Appunto perciò, trattandosi di materia tecnica rigorosa, essa è scarsamente studiata fuor di una piccola cerchia di studiosi e di uomini periti praticamente nei negozi bancari. L'opinione pubblica, che non ha colpa di non sapere nulla di cose che non toccano direttamente la maggior parte degli uomini, concepisce le banche e le borse come covi di briganti dove si predispongono assalti ai denari di tutti; i negoziatori di borsa sono per lo più chiamati borsisti, quando, sguaiatamente, non si chiamano borsaiuoli. Alcuni di questi lazzi volgari trovarono, non sono molti anni, accoglimento sui banchi del governo; e non v'è deputato il quale non ami lanciare i suoi strali contro la «speculazione», ottima testa di turco per spiegare i fatti, di cui non si sa o non si vuole cercare la causa. Una stampa, poco esperta dei fatti bancari, più del pubblico, che essa pretende illuminare, lo confonde diffondendo notizie insussistenti o dando alle notizie vere una portata che esse non hanno e che suscitano il riso di chi abbia una pur lontana notizia delle cose di cui si tratta. Vi son uomini di governo, che dall'ignoranza propria ed altrui traggono argomento per una politica demagogica, incapace a fruttare un qualsiasi risultato utile, ma capacissima di procacciare popolarità.

Giova perciò vedere in qual modo le inchieste, in un ambiente di passioni, di ignoranza diffusa, possano, oltreché alla causa della giustizia, vagliare attentamente fatti meritevoli di essere denunciati alla magistratura e giovare alla pubblica educazione. Se a tanto giovassero, le inchieste non sarebbero compiute invano.

30 luglio 1920

I COMPITI DELL'INCHIESTA BANCARIA

Fin d'ora è possibile accennare a taluno dei compiti più importanti i quali dovrebbero essere assolti da una commissione di inchiesta sulle banche. Ogni provvedimento legislativo può essere collocato in due categorie: la prima di quelli che non si debbono prendere, perché consacrerebbero errori dannosi, e la seconda di quelli che invece possono, ove siano accortamente formulati, produrre un qualche vantaggioso risultato.

Che la prima categoria sia quella più numerosa, è evidente dal gran numero di cose senza senso che si sono sentite ripetere nella presente occasione. Ogni qualvolta la rendita 3,50% prima, ed ora il consolidato 5% ribassano di qualche punto – come in occasione della guerra libica – o di qualche decina di punti – come ora che si discutono provvedimenti tributari non certo utili ad aumentare il reddito dei titoli pubblici e privati – risuona il medesimo grido di guerra contro la speculazione, contro i ribassisti, contro le bande nere e simiglianti scempiaggini. Di nuovo, come negli ultimi mesi del 1911, si sente discorrere di congiurati, i quali venderebbero titoli a rompicollo allo scopo di farne ribassare il prezzo e screditare lo stato. Dinanzi a pubbliche assemblee si agita il panno rosso di misteriosi poteri i quali tramerebbero ai danni dello stato, per sostituire la loro volontà a quella dei poteri regolarmente costituiti; e le masse proletarie sono eccitate contro la plutocrazia tirannica di miliardari, i quali aspirerebbero a dominare subdolamente sulla cosa pubblica per mezzo di stratagemmi cartacei che la gente modesta non può comprendere ed alla cui virtù perciò tanto più volenterosamente presta cieca fede.

Che si ricorra a siffatte arti di governo è profondamente immorale e rattristante. Poteva non recarci danno, in tempi in cui l'Italia quasi non aveva contatti coll'estero, quando il nostro paese, accodato alle potenze centrali, quasi non aveva bisogno di fare politica estera. Oggi non più. L'Italia è diventata, grazie alla vittoria, una delle quattro potenze mondiali guida. È una posizione costosa; ma destinata col tempo a fruttare vantaggi materiali e morali. Importa tenerla con dignità; e fa d'uopo perciò non far ridere a nostre spese. Le nostre cose, i nostri giornali sono all'estero letti e commentati attentamente. Quale mai idea possono farsi di noi le grandi organizzazioni bancarie ed industriali straniere, da cui pure noi desideriamo di ottenere credito per comprare le materie prime e dare impulso al commercio internazionale, quando leggono sui nostri giornali acerbamente e passionalmente commentata la stupefacente notizia che in una sola borsa si sono venduti ben 7 milioni di consolidato!

È vero che noi sappiamo, per consumo interno, degnamente apprezzare la improntitudine demagogica di chi scrisse quei titoli grotteschi e quei commenti insulsi. Ma gli stranieri, che queste notizie nostre familiari non hanno, qual mai concetto possono formarsi di un paese, dove esistono ben 36 miliardi di consolidato 5% e dove i giornali si inquietano ed i cronisti raccontano novelle sensazionali, solo perché in una borsa si vendette una frazione infinitesima di quei 36 miliardi! I più frettolosi diranno che l'economia di quel paese è ben debole se risente una punzecchiatura così sottile; che il credito dello stato è ben basso se non esiste un mercato capace di assorbire con indifferenza una vendita per cifra così trascurabile. Gli altri cercheranno di informarsi e distingueranno in Italia due psicologie, due mentalità: quella della maggioranza composta di lavoratori indefessi, di agricoltori ed industriali intraprendenti, che produce, che va avanti, che fa onore al paese e che, se fosse lasciata libera, in poco tempo metterebbe a posto l'economia dello stato, come sta già mettendo a posto, ed in gran parte l'ha già messa, l'economia privata. Accanto a questa vi è un'altra mentalità: quella arretrata del politicante comune, del piccolo borghese, del giornalista analfabeta, il quale, non contento di mandare in galera, come si meritano, coloro che hanno rubato, fantastica di congiure, identifica l'intraprendenza coi loschi affari e vive e fa carriera alle spalle di quelli che arrischiano e lavorano, sommovendo le masse contro di essi.

Una inchiesta bancaria pubblicamente condotta potrà giovare a dimostrare ancora una volta che la cosidetta potenza della «speculazione» è un fantasma irreale, utile soltanto ai governi cattivi ed agli amministratori infedeli per liberarsi dalle proprie responsabilità. Un governo buono, il quale mette soltanto imposte serie, bene ripartite, realmente esigibili, e non eccedenti la capacità contributiva del paese, non ha nulla da temere dalla speculazione. Così nulla deve temerne l'amministratore capace ed onesto di una società. Quando mai si vorrà capire che lo speculatore vuole guadagnare e non perdere? Se vende allo scoperto, e cioè senza possederlo, un titolo buono, lo dovrà, per consegnarlo, ricomperare ad un prezzo più alto, perdendo la differenza? Gli speculatori comperano i titoli degli stati e delle società bene amministrati; e vendono quelli degli stati e degli enti i cui governanti fanno una politica cattiva o demagogica o rovinosa. Perciò importa dire ben alto che, se non importa tributare alcuna gratitudine agli speculatori, in quanto essi operano nel proprio interesse, giova riconoscere che la loro azione è utile al paese, perché necessariamente rivolta contro chi fa male. Vi sono casi singoli ed eccezionali di rapina, che tocca al magistrato colpire; ma in generale vi è un mezzo infallibile per individuare un uomo di governo incapace od un amministratore infedele di società: guardare se egli si irrita contro gli speculatori e contro le borse. Costui ha sicuramente qualcosa sulla coscienza e bisogna diffidarne. L'uomo di stato valente e l'amministratore capace badano a far bene; e non si curano né delle borse né degli speculatori. Neanche volendo, costoro potrebbero far loro danno.

Altri errori ancora potrebbe mettere in luce un'inchiesta. Ad uno accennò già l'on. Nitti quando chiese, discorrendosi di scalate alle banche: volete forse impedire a chi ha un'azione di banca di venderla ed a chi ha i denari di comperarla? Sarebbe una pretesa insulsa; mentre è ragionevole chiedere a chi compera 200 mila azioni della Commerciale: donde cavasti le centinaia di milioni che pochi anni or sono non possedevi? È una stranezza curiosa discorrere tanto di conquiste di banche da parte di privati, come se le azioni delle banche non dovessero essere possedute da nessuno e, fatta astrazione dalla mala provenienza dei denari impiegati nell'acquisto, non fosse preferibile che le azioni fossero possedute da molti privati, capaci di controllare gli amministratori, piuttostoché da un consorzio costituito dagli amministratori medesimi, divenuti così padroni assoluti delle assemblee generali. E perché non si dovrebbe indagare sull'essenza vera del malanno, che è l'indole prevalentemente speculativa delle nostre banche, per cui esse, allontanandosi dal tipo classico delle banche inglesi, le quali si occupano solo di sconti di carta commerciale liquida, si sono avvicinate al tipo delle banche mobiliari, le quali anticipano capitali a lunga scadenza alle industrie e identificano così le loro sorti con quelle delle industrie sovvenute? Di qui, la mutua dannosa dipendenza di banche ed industrie; di qui le scalate reciproche, e, accanto alle scalate che gli industriali danno alle banche, le scalate ben più numerose che le banche hanno dato alle industrie; di qui un innaturale concentramento industriale in mano di pochi dirigenti.

Contro il quale malanno, mi affretto a dirlo, non pare esistano rimedi legislativi adeguati. Non giovò l'obbligo decretato durante la guerra di ottenere il consenso del governo all'aumento dei capitali delle società anonime. Tale obbligo non impedì le sottoscrizioni, sfacciatamente chiamate «nazionali» dalla Società Ansaldo; ed attribuì al governo una responsabilità morale pericolosissima presso i sottoscrittori fiduciosi che l'autorizzazione data dal governo significasse aver compiuto una accurata indagine sulla bontà delle intraprese e potere dare assicurazione di futuri buoni risultati. Non gioverebbe la nazionalizzazione delle banche invocata dai socialisti, dimentichi troppo presto dei risultati dell'ultima grande inchiesta bancaria italiana, la quale mise in chiaro quanto grandi fossero la corruzione politica e i danni economici derivanti dall'ingerenza governativa nelle banche di emissione, e vietò che deputati e senatori potessero amministrarle e persino che i direttori generali potessero coprire una carica pubblica. E bene a ragione, perché banca di stato vuol dire corruzione pubblica; vuol dire sconti concessi ai procaccianti politici, ai grandi elettori, alle false cooperative, anche se tutti costoro sono pessimi industriali. Altro rimedio non v'è, per allontanare le banche da dannose esperienze, fuorché l'esperienza medesima e la pubblicità massima data ai loro rendiconti e alle loro azioni dannose. Di molti peccati d'ignoranza bancaria sono gravati i giornali italiani; ma forse meritano assoluzione, in quanto sottopongono gli amministratori ad una vigilanza continua e sospettosa, che li costringe ad abbandonare i metodi cattivi ed a scegliere la via buona, percorrendo la quale, essi dovrebbero essere sicuri che nessuno più si occuperà delle loro faccende.

Su alcuni punti i provvedimenti negativi non bastano. Occorrono sanzioni positive. Ne ricorderò due: il diritto di sconto e quello di opzione agli azionisti negli aumenti di capitale.

Il diritto di sconto è quello per cui il compratore di un titolo a fine mese, per esempio a fine agosto, invece di contentarsi di ritirare il titolo all'epoca, fine agosto, per cui dal venditore gli fu promessa la consegna, può richiederne la consegna anche prima. È noto che i fratelli Perrone si giovarono di tale diritto nel marzo scorso per pretendere la consegna di azioni della Commerciale da essi comperate, prima della scadenza, costringendo i venditori, che non le possedevano pronte, a ricercarle affannosamente a qualunque prezzo.

L'on. Nitti disse di non aver voluto abolire il vigente diritto di sconto, per non intervenire tra due parti contendenti, a contratto già iniziato. Dal punto di vista della legge vigente, egli aveva ragione. Ma quella legge o è una bricconata o è una insipienza. Combattei il diritto di sconto nel 1913, quando con argomenti nulli l'on. Giolitti riuscì ad introdurlo nella nostra legislazione; e tuttora giudico pessimo quell'istituto. Esso parte dalla premessa sbagliata che i ribassisti siano da mettersi all'indice, come gli untori della peste di Milano. Chi vende allo scoperto un titolo, senza possederlo, è un nemico della patria, si disse nel 1913. Equivoco ridicolo sia per la ragione già detta che un titolo non ribassa per effetto della speculazione, ma solo per effetto della cattiva amministrazione dello stato o delle società; ma anche perché il venditore allo scoperto è il vero sostegno del mercato. Chi ha venduto il consolidato a 75 senza possederlo, quando lo dovrà consegnare dovrà pure comperarlo; e quindi dovrà farlo salire di prezzo. Invece il vero pericolo è il rialzista, il quale compera il titolo senza avere i denari. Costui, alla perfine, dovrà pur rivendere il titolo che prima aveva comperato e quindi dovrà necessariamente far ribassare i prezzi. Il governo del 1913 si illuse di aver trovato nel diritto di sconto il mezzo di sgominare i ribassisti. Disorganizzò invece i mercati; e del diritto di sconto si giovano ora gli accaparratori per rovinare gli avversari. Perciò esso va abolito, sostituendogli una cosa assai semplice: il rispetto pieno al patto convenuto.

Un altro punto meritevole di essere disciplinato è quello del diritto degli azionisti alla sottoscrizione esclusiva delle nuove azioni. Esempi famigerati – dei quali quello della Banca commerciale è solo il più cospicuo; ma si potrebbero citare i casi analoghi recenti del Credito italiano e di altre minori società – hanno dimostrato che certi consigli d'amministrazione non hanno esitato, giovandosi di maggioranze addomesticate, a privare gli azionisti del loro diritto di sottoscrivere le azioni nuove in proporzione a quelle già possedute per attribuirlo a se stessi od a gruppi o consorzi privilegiati. Questi gruppi sottoscrivendo a 500, a 600 ecc. azioni che valevano 1000 o

1200 lire, realizzarono lucri cospicui, a spese degli azionisti, e specie degli azionisti rimasti fuori dei gruppi o consorzi. Deve in questi casi intervenire il legislatore e come? Deve il diritto alle nuove azioni essere riservato in ogni caso agli azionisti, anche quando il voto dell'assemblea generale degli azionisti medesimi fosse di contrario avviso? Se ciò è giusto in generale, non potrebbe tale riserva danneggiare la società, nei casi in cui si trattasse di assorbire altre aziende, mercé consegna di azioni nuove? Problemi delicati, che una pubblica inchiesta potrebbe sviscerare con l'aiuto di tecnici, preparando una legislazione non improvvisata, la quale, salvaguardando la fede pubblica, realmente giovi all'incremento industriale del paese.

31 luglio 1920

UN PERICOLO DI MONOPOLIO AL PUBBLICO RISPARMIO?

La camera dei deputati ha approvato «all'unanimità» un ordine del giorno in cui la commissione delle petizioni faceva voti per la nomina di un comitato parlamentare d'inchiesta con pieni poteri, il quale, accertati in modo completo e preciso i fatti denunciati nella petizione Turletti, «avvisi ai mezzi di difendere il pubblico risparmio e la libertà degli istituti dall'ambizioso monopolio dei grandi operatori della finanza». Non meraviglia la unanimità con cui fu votato l'ordine del giorno. Domani, se una commissione qualunque proporrà l'espropriazione senza indennizzo di tutta la proprietà privata, la camera voterà l'ordine del giorno all'unanimità, perché la maggioranza contraria sarà interrorita dall'accusa di essere, votando contro, mantenuta dai pescicani o pagata dalle banche. Dopo un periodo in cui non riusciva a votar nulla, adesso sembra che la camera italiana attraversi un periodo in cui vota tutto, all'unanimità. Vota all'unanimità anche affermazioni di fatto contrarie alla verità nota ed incontroversa.

Parrebbe, ad esempio, a credere al voto unanime surricordato, che, se non intervenisse presto il legislatore con una qualche nuova grida, il pubblico risparmio italiano dovesse correre il pericolo imminente di cadere prigione e vittima di taluni pochi ambiziosi monopolisti. Ora sta di fatto che il pericolo si limitava – adopero il verbo in tempo passato imperfetto, perché trattasi di avvenimenti chiusi nel marzo passato – ad alcune poche banche; e sta di fatto che le banche minacciate dalla scalata sono ora persuase di essere sfuggite in modo definitivo al pericolo, grazie alla costituzione avvenuta appunto nel marzo decorso di due consorzi, ognuno dei quali possiede la maggioranza delle azioni della Commerciale e del Credito, consorzi dei quali non fanno parte gli scalatori o questi vi tengono una posizione subordinata ed i quali garantiscono che la maggioranza delle azioni possa mai venire in possesso di scalatori. Al solito, il legislatore arriva buon ultimo, quando le cose si sono già aggiustate; e giova sperare che le provvidenze da esso escogitate non facciano risorgere sott'altra specie il pericolo che si voleva eliminare.

A parte tutto ciò, che può essere semplicemente l'occasione per sfruttar uno scandalo o anche fare opera di giustizia per particolari reati, come i deputati unanimi non si sono accorti della esagerazione incredibile insita nella loro affermazione che il risparmio italiano corresse pericolo di essere monopolizzato da pochi ambiziosi? Tutti i membri del parlamento hanno ricevuto ed avrebbero dovuto leggere l'esposizione finanziaria tenuta dal ministro del tesoro nella seduta del 16 dicembre 1919. L'allegato 17 contiene la situazione dei depositi a risparmio, in conto corrente ed in buoni fruttiferi a varie date, di cui l'ultima è quella del 30 giugno 1919. Dopo un anno, le cifre sono certamente mutate, nel senso dell'aumento; ma non deve essere apprezzabilmente mutata la ripartizione dei depositi trai vari tipi di banche. È perciò interessante sapere che i depositi si ripartivano un anno fa nella seguente maniera (in milioni di lire):

Istituti d'emissione		L. 774,5
Banche ordinarie		3447,6
Istituti cooperativi:		
	Banche popolari	1423,7
	Altre	1237,3
	Casse rurali	282,0
Istituti pubblici:		
	Casse di risparmio ordinarie	5589,2
	Monti di pietà	457,4
Istituti di stato:		
	Casse di risparmio postali	4223,7
Totale L.		17.435,4

Dalla tabella si deduce che il pericolo di vedere monopolizzato ecc. ecc. il risparmio italiano è un pericolo fantastico, perché le scalate alle banche, tuttoché, per molte ragioni esposte altre volte su questo giornale, pericolose e condannabili, si riferivano soltanto ad una parte dei 3 miliardi e 447,6 milioni depositati nelle banche ordinarie, ossia si riferivano solo ad una parte di un quinto del totale dei depositi esistenti in Italia. E notisi che dire un quinto è una evidente esagerazione, perché nel totale dei 17 miliardi e 435 milioni non sono compresi i depositi di tutte le banche private, di tutti gli agenti di cambio e gli altri intermediari, che sotto svariatissimi nomi ricevono depositi nel nostro paese. Sarebbe più ragionevole dire un sesto; di cui una parte soltanto spetta alle quattro grandi banche – Commerciale, Credito, Sconto e Roma – in sospetto o pericolo di scalata.

La realtà vera è che il risparmio italiano in genere non corre nessun pericolo di scalata. Esso è troppo bene distribuito fra istituti vari per indole e per dipendenza da correre pericolo di asservimento a monopolisti. Sotto l'aspetto bancario, si può anzi dire che l'Italia è uno dei paesi in cui esiste un più equo equilibrio bancario. Il grosso del risparmio, 10,3 miliardi su 17,4, si è già posto spontaneamente sotto le ali protettive di istituti pubblici o di stato. È tutto il risparmio minuto, della povera gente, degli operai, dei contadini, degli artigiani, quello che sta tanto a cuore dei rappresentanti del popolo in parlamento; è notevole parte del risparmio della minuta e media borghesia, che si fida soltanto dello stato (casse di risparmio postali) e di istituti pubblici (casse di risparmio ordinarie e monti di pietà). Il cosidetto capitalismo bancario in Italia è capitalismo di gente media e minuta ed è già in mano di enti pubblici, i quali se ne servono per far prestiti a stato, a provincie, a comuni, a consorzi di pubblica utilità. La Cassa depositi e prestiti, e non la Banca commerciale e non il Credito italiano e non la Banca italiana di sconto, è la massima banca italiana perché amministra i 4 miliardi e 223,7 milioni di depositi delle casse di risparmio postali, oltre a parecchie centinaia di milioni di altri enti pubblici; e, per chi non lo sa, la Cassa depositi e prestiti è una vera banca di stato, gerita da impiegati pubblici, sotto l'alta direzione del ministro del tesoro. Sarebbe un guaio grosso se questa banca di stato facesse sconti a privati; per fortuna essa è la banchiera dei soli enti pubblici: nei primi 10 mesi del 1919 la Cassa depositi e prestiti ha concesso 158,4 milioni di mutui a provincie, comuni e consorzi di bonifica e di utilità pubblica. Se uno squilibrio v'è nell'organizzazione bancaria italiana, sta nel suo carattere eccessivamente pubblico, nell'essere i risparmi italiani troppo in mano dello stato o di enti pubblici. Anche i 775 milioni depositati presso i tre istituti di emissione (Banca d'Italia e Banchi di Napoli e di Sicilia) sono soggetti ad attenta sorveglianza governativa e sono impiegati con criteri che stanno tra il privato ed il pubblico.

Quest'untorello del capitalismo privato bancario deve rifugiarsi nei 2 miliardi e 943 milioni depositati presso gli istituti cooperativi e nei 3 miliardi e 447 milioni depositati presso le banche ordinarie. I primi non possono dar sospetto di monopolizzazione. Sono migliaia di banche popolari e cooperative e di casse rurali che raccolgono risparmi di piccoli commercianti, artigiani, contadini e li riversano in mutui a favore della piccola industria, del medio commercio e delle modeste aziende agricole. E un movimento che ha raggiunto risultati mirabili ed ha dinanzi a sé un avvenire promettentissimo. I nomi di Luzzatti, di Wollemborg e di altri valentuomini, cattolici e socialisti compresi, sono legati a questo movimento bancario cooperativo. Chi farnetica di pescicani muoventi all'assalto di queste banche gelose della loro indipendenza, tutte ottimamente, salvo rare eccezioni, amministrate da gente del luogo e curantissime della propria clientela?

Al capitalismo grosso, ma in realtà di una grossezza niente affatto ributtante, appartengono solo le banche ordinarie coi loro 3 miliardi e 447 milioni. È una proporzione tutt'altro che eccessiva, inferiore a quella di Francia e di Germania, per non parlare dell'Inghilterra, dove le altre specie di banche sono trascurabili in confronto a quest'ultima; e che non può destare alcuna preoccupazione. «Tutelare» questi 3 miliardi e 447 milioni è proposito dubbio. Si può capire fino ad un certo punto che lo stato tuteli, come fa già, i 10,3 miliardi di depositi degli istituti pubblici e statali ed i 3 miliardi degli istituti cooperativi; – che ironia, nevvero, riscontrare in modo irrefragabile che il capitalismo bancario, il più esoso dei capitalismi, è di origine proletaria, contadina e piccolo-borghese e che i grossi miliardi spettano alla gente minuta, mentre ai capitalisti grossi rimangono solo i rotti? – si può capire, dico, la tutela statale quando trattasi, se non di minorenni, di gente forse non sempre in grado di scegliere bene gli amministratori dei propri risparmi. È una ammissione gratuita, perché per lo più i piccoli risparmiatori sanno molto bene fare il proprio tornaconto e non hanno bisogno dei consigli di nessun graffiacarte romano. Ma passi. Ciò che è assurdo è che uomini politici, giornalisti e graffiacarte, alla gran maggioranza dei quali nessuno affiderebbe un soldo dei propri denari per amministrarlo, si impanchino a tutori dei 3 miliardi e 447 milioni depositati nelle banche ordinarie da industriali, da commercianti e da capitalisti cospicui – questa è la clientela delle banche ordinarie! – ognuno dei quali sa curare molto meglio le cose proprie di quanto non possono fare per conto suo un esercito di auto-eletti e pretesi pubblici tutori. Eh via! finiamola con queste arie donchisciottesche di salvare ad ogni altro giorno gli italiani dalla fame, il risparmio dalla rovina, l'Italia dall'essere inabissata nel precipizio o mangiata viva da mostri mai più veduti. L'Italia ha un principalissimo bisogno: di non essere disturbata dai suoi tutori. Se per fortuna i tutori non facessero nulla, quando fossero stanchi di vociferare, si accorgerebbero che l'Italia si è salvata da sé.

15 agosto 1920

SCALATA ALLE BANCHE

Si torna oggi, dopo sei anni, a parlare di scalata alle banche. Quell'altra volta un gruppo genovese era andato all'assalto della Banca commerciale italiana, un gruppo milanese del Credito italiano. Gli assalti furono rintuzzati con abili mosse dalle due direzioni le quali costituirono sindacati di difesa, presso cui fu depositata la maggioranza delle azioni dei banchi minacciati. Finché durò il pericolo, i due sindacati rimasero in vita; quando la situazione parve ridivenuta normale, i sindacati furono sciolti e gli azionisti riacquistarono la libera disponibilità dei loro titoli.

Oggi, a quanto si dice nelle borse e si legge sui giornali, l'assalto ricomincia contro il Credito italiano. Un gruppo industriale avrebbe in passato piano piano comperato azioni di questo istituto; negli ultimi giorni, quando i dirigenti del banco si accorsero della manovra e corsero ai ripari, la competizione negli acquisti fece improvvisamente salire i titoli da 870 a 1060. Rialzo clamoroso, che diffuse, anche fuori dei ristretti gruppi finanziari, le voci di assalto.

Prima di commentare, non è inopportuno definire la parola «assalto» o «scalata» alle banche. In se stesso, l'assalto è una operazione che molti detentori di qualche cosa, di una qualunque cosa, azioni, case, terreni, merci, desidererebbero avesse luogo nei loro rispetti. Esso si definisce l'atto di chi, desiderando possedere azioni di una certa specie, per esempio del Credito italiano, si presenta in borsa ed offre 900 e poi 950 e poi 1000 e poi 1060 lire per l'azione che fino a ieri si vendeva a 870 lire. Il compratore, offrendo e pagando un prezzo cresciuto, compie atto lecito legalmente ed economicamente utile ai venditori. Vende soltanto chi vuole. Il venditore per lo più è avvantaggiato dalla vendita, poiché questa avviene a prezzi straordinariamente a lui favorevoli.

È chiaro tuttavia che, se il compratore paga 1000 ciò che fino a ieri si acquistava a 870 e prima ancora a 700 o 600, non intende buttare i danari dalla finestra. Ritiene, anch'egli, di fare cosa vantaggiosa a se stesso. Il vantaggio per lo più, nel caso delle banche, non si deve cercare nella speranza di assai forti dividendi futuri, speranza che non sarebbe nutrita dai venditori. Esso è ben diverso. Il possesso dell'azione non è ambito per se stesso; tant'è vero che non di rado i compratori, per acquistare al prezzo di 1000 lire un'azione che rende 45 lire all'anno lorde del 15% di tasse, ossia 38,25 lire nette, prendono a mutuo le 1000 lire al 7¼%, pagando cioè lire 72,50 di interessi passivi. L'operazione economica in se stessa non è brillantissima. Il vantaggio è tutt'altro: ottenuta la maggioranza delle azioni, diventare membri e padroni del consiglio di amministrazione ed ottenere quindi il dominio o il controllo o la disponibilità dei conti correnti e dei depositi della banca. Con un impegno, per acquisto azioni, di 100, in gran parte ottenuto a prestito, si può ottenere il controllo su depositi di 1000 e su conti correnti di 3000. Ecco il punto in che l'assalto delle azioni di una società industriale è diverso dall'assalto delle azioni di una banca. Nel primo caso il nuovo azionista acquista solo l'azienda; nel secondo coll'azienda acquista il controllo sui depositi.

La scalata bancaria è certamente pericolosa. La banca vive di fiducia. I depositanti ed i correntisti accorrono a portar danari finché sanno d'affidarli a banchieri sperimentati e prudenti e indipendenti che li impiegano nell'esclusivo interesse della sicurezza e del buon rendimento dei capitali ricevuti in deposito. Ogni altro scopo è nocivo alla banca. Pessima è la banca in cui, ad esempio, dominino gli impiegati, i quali badino precipuamente a crescere le proprie paghe. Quella banca alla lunga fallirà. Pessima è la banca, di cui siano padroni i clienti o gruppi di clienti. La scalata di sei anni fa sembra fosse di questo tipo. Quando il cliente ossia l'industriale bisognoso di danari diventa padrone della banca, egli impresterà a se stesso i depositi non coll'occhio rivolto alla sicurezza di essi ed al vantaggio degli azionisti, bensì nella mira di favorire se stesso, colla sua qualità di debitore della banca. L'acquisto di azioni e la padronanza del consiglio di amministrazione hanno lo scopo di far servire i depositi bancari ai suoi fini industriali. I fini possono essere utilissimi ed alti; ma di ciò deve essere giudice un banchiere indipendente. Non si può essere insieme padrone e cliente, giudice e parte. La figura del cliente sopraffà l'altra. Chi controllerà se gli sconti siano approvabili, se il richiedente lo sconto è signore della banca la quale concede gli sconti?

Un rimedio «giuridico» alla scalata alle banche sembra tuttavia difficile ad escogitarsi. Vorremmo vietare ai clienti di acquistare azioni delle banche? Sarebbe divieto di impossibile osservanza; poiché i clienti hanno sempre a portata di mano teste di legno a cui intestare o da cui far presentare all'assemblea le loro azioni nominative od al portatore. Bisognerebbe disciplinare per legge le categorie di persone «degne» di possedere azioni delle banche; impresa futile per la sua comicità.

I rimedi veri al pericolo delle scalate bancarie sono morali. Certo, se i dirigenti del Credito italiano non avessero, dopo la prima lezione subita, lasciato allentare i vincoli personali che li legavano con i loro principali azionisti, la nuova scalata non sarebbe avvenuta. Chi dirige un grande istituto bancario deve avere la continua assillante consapevolezza del compito delicatissimo a lui affidato. Perciò deve sapere persuadere un gruppo di azionisti abbastanza forte a rinunciare alla libera disponibilità delle proprie azioni. Questo vincolo, per cui certi azionisti non vendono le azioni senza interpellare gli altri, e votano alle assemblee compatti, può assumere forme svariate: dal consorzio di difesa propriamente detto alle semplici intese verbali, alla tradizione antica di tenere le azioni in famiglia. Dicono che le grandi banche inglesi siano in mano di gruppi di azionisti, per lunga tradizione famigliare, interessati alla prosperità della banca. In fondo, è un eccellente affare per gli azionisti di una banca solida tenersi stretti gli uni agli altri e rinunciare alle facili occasioni di guadagno colla vendita delle azioni. Una banca, di cui il pubblico conosce il carattere chiuso ed oligarchico, di cui sa che i gruppi dominanti si occupano esclusivamente della floridezza della banca, e sono indipendenti dai clienti, acquista credito e vede di anno in anno, di decennio in decennio migliorare la sua clientela attiva e passiva. Questo intesero in sostanza di fare i dirigenti della Banca commerciale e del Credito italiano quando, sei anni or sono, si difesero con successo contro i tentativi di gruppi di loro clienti di impadronirsi dei loro antichi organismi. Oggi i dirigenti del Credito italiano sembra siano nuovamente costretti alle stesse difese. Auguriamoci che riescano e che sia escogitata qualche maniera per assicurare il controllo della maggioranza delle azioni in mano di persone che facciano esclusivamente i banchieri. L'opinione pubblica, che non può far altro, deve dare il suo pieno appoggio morale a quest'opera di difesa. Deve darlo nell'interesse dei clienti medesimi, i quali non possono essere serviti bene se i depositi non affluiscono abbondanti; né alla lunga l'affluenza c'è, se il pubblico si persuade che i proprii danari sono affidati a coloro che li impegnano e ne sono debitori.

Lo stato non può far nulla quando la scalata ha luogo. Sei anni fa, se non ricordo male, il governo intervenne presso gli scalatori non so se con consigli o ammonimenti. Forse intervennero gli istituti di emissione, i quali hanno sempre modo, con riduzioni di sconti, di togliere mezzi finanziari a chi di mezzi ha bisogno per «scalare», il che vuol dire acquistare e pagare azioni. Anche questi sono mezzi morali e non giuridici, e possono essere adoperati solo con gran discrezione fuori dagli occhi del pubblico.

Un solo mezzo giuridico è stato di questi giorni messo innanzi ed è la sospensione del diritto di sconto. Il diritto di sconto è la facoltà consentita al compratore di azioni per fine mese di farsele consegnare anche prima della fine del mese mercé l'offerta reale del prezzo in contanti. Se questo diritto non ci fosse, gli scalatori che hanno acquistato le azioni del Credito per fine aprile, non potrebbero intervenire all'assemblea indetta per il 28 aprile. Non intervenendo essi, o non intervenendo con un numero sufficiente di voti, l'attuale amministrazione conserverebbe in quell'assemblea la maggioranza, farebbe deliberare un aumento di capitale, assegnerebbe tutto l'aumento ad un gruppo fido e si metterebbe così al coperto da ogni sorpresa.

Tocca ai poteri legislativi del governo stabilire se il diritto di sconto, che oggi è consentito dalla legge vigente, possa esser sospeso. Esprimere un'opinione su questo punto richiederebbe lungo svolgimento. Sono felice però di potere cogliere l'occasione per manifestare nuovamente tutto il mio profondo disprezzo per questo balordissimo diritto di sconto. In ciò forse non sono d'accordo con quelli che lo vogliono semplicemente sospeso nella presente occasione. Io mi auguro che sia annientato per sempre, in tutti i casi, e che non se ne senta mai più parlare. Chi ideò il diritto di sconto immaginò di poter frenare con esso i «ribassi» in borsa. Quando lo speculatore vende a fine mese un titolo, senza possederlo, a 100, nella speranza di ricomperarlo a 95 prima della fine del mese, puniamolo, si disse, della sua perversità obbligandolo a consegnare subito il titolo che ha venduto. Il pensiero assurdo parte dalla premessa sbagliata che sia da biasimare chi vende il titolo che non ha e da lodare chi lo compera, anche se non ha i danari.

Premessa sbagliata, sebbene popolare e comunissima, perché

il vero autore dei ribassi non è chi lo vende senza possederlo, ma chi ha fatto cattivo il titolo. Chi vende un titolo buono, si rompe le corna, perché dovrà ricomprarlo per consegnarlo a prezzo più alto. Guadagna chi vende allo scoperto un titolo cattivo; ma in tal caso la colpa del ribasso è della cattiveria del titolo, è dei pessimi amministratori i quali da buono lo mutarono in cattivo; è dei rialzisti i quali lo spinsero troppo in su. Se qualche giudizio si deve dare dello speculatore ribassista, è, dopo tutto, di lode; perché ha messo coll'azione sua l'allarme tra la buona gente che lo deteneva, e l'ha indotta, mai troppo tardi, a chiedere a se stessa quali novità brutte stiano accadendo intorno alla roba sua. Guai se non ci fossero i contratti a termine! I titoli cattivi starebbero su, fino all'ultimo momento, fino allo scarico definitivo dai furbi sui gonzi e poi cadrebbero d'un tratto a precipizio.

Il diritto di sconto, il quale trasforma tutti i contratti a termine in contratti a contanti, è un relitto dell'età della pietra. Il contratto a contanti è il carro tirato dai buoi, il contratto a termine è il treno direttissimo. Il diritto di sconto merita perciò di essere spazzato via dalla nostra legislazione.

15 aprile 1924

3.

I SALVATAGGI BANCARI

LE SPECIE DI INTERVENTO BANCARIO

I giornali recano di questi giorni frequenti notizie intorno a convegni di direttori di banche ordinarie e di istituti di emissione con i ministri del tesoro e dell'industria a proposito di interventi rivolti a sistemare la posizione di qualche grande banca e di una grande impresa industriale. Una interpellanza di parte socialista è stata presentata al ministro del tesoro e giova sperare che questi darà spiegazioni compiute e precise sulle ragioni e sui limiti dell'intervento dello stato. Su un punto sovratutto importa che le spiegazioni siano convincenti: se vi siano stati o vi siano per essere allargamenti di circolazione, oltre i limiti portati dalle leggi vigenti, in conseguenza del progettato o deliberato intervento. Tutto il resto, probabilmente, è materia di interesse privato, che non tocca in guisa diretta né lo stato né il paese. È compito delle banche e degli istituti di emissione di evitare che nasca un panico tra i depositanti, e che questo si diffonda pericolosamente; è ufficio loro decidere se meglio convenga una liquidazione rapida ovvero un assestamento tranquillo di situazioni industriali ingarbugliate. Lo stato non può e non deve preoccuparsi dei corsi di borsa delle azioni o delle obbligazioni; siano 100 od 80 o 50 o 150 i prezzi pagati per certi titoli, non c'è ragione che lo stato intervenga a moderare l'ascesa o la discesa.

La necessità dell'intervento dello stato sorge soltanto quando gli istituti di emissione dicono:

Fanno d'uopo 100 o 200 o 500 o più milioni di lire per permettere ad una azienda bancaria od industriale, che noi abbiamo riconosciuta solida e dotata di attività uguali alle passività (non compreso in queste ultime il capitale sociale), di fronteggiare le passività, forse liquide, in attesa che le attività, momentaneamente impegnate a scadenza non breve, possano ridiventare liquide. Ma noi, istituti d'emissione, non abbiamo i milioni di biglietti pronti per compiere l'operazione e chiediamo di essere autorizzati ad aumentare appositamente la circolazione.

Solo a questo punto nasce l'interesse pubblico a guardar dentro nel problema; perché solo a questo punto si chiede allo stato di intervenire con una vera e propria imposta sulla collettività. Che l'allargamento della circolazione significhi lo stabilimento di una imposta sulla collettività oramai è risaputo. Ogni aumento della circolazione significa aumento di prezzi ovvero freno ad una discesa di prezzi che altrimenti si sarebbe verificata. E l'aumento dei prezzi equivale ad una imposta generale sui consumi compiuti da tutte le classi sociali, dalle più povere come dalle più ricche. Perciò è bene che il ministro del tesoro risponda chiaramente e senza perifrasi: ci fu o ci sarà od è probabile o possibile che si verifichi un aumento di circolazione in conseguenza degli interventi di cui tanto si parla? In caso affermativo, quali dimensioni avrà questo aumento?

Conoscere i fatti è una condizione necessaria per un giudizio ponderato; conoscerne i motivi è altrettanto necessario. Un allargamento di circolazione in date circostanze è pacifico, è imposto dalla necessità più assoluta. Supponiamo, ad esempio, che in una banca qualunque, in una cassa di risparmio si manifesti un ritiro di depositi e che questo ritiro minacci di convertirsi in un panico. Supponiamo che i dirigenti degli istituti di emissione siano persuasi che, in sostanza, la situazione è sana e che soltanto vi sono difficoltà perché i depositi bisogna rimborsarli a vista od a breve scadenza, mentre la banca o la cassa non può d'un tratto realizzare le sue attività, imprestate a gente solida ma per un tempo più lungo. In tali condizioni, è canone indiscusso di pratica bancaria che non bisogna esitare a dare. Tutti i pratici e tutti i teorici sono concordi nel canone: dare, dare, dare. Dar subito, dare senza esitazione, dare largamente e in modo da persuadere il pubblico che la banca presa di mira ha le spalle sicure e che essa potrà, col risconto, procurarsi fondi sino a far fronte alle domande di rimborso, sino all'ultimo centesimo. Solo così si impedisce che il panico si allarghi come una macchia d'olio e distrugga tutto, istituti buoni e cattivi e fino il credito pubblico. Solo così si pone immediatamente termine al panico; poiché i depositanti, dopo pochi giorni, stufi di tenersi il denaro morto in casa, tornano a riportarlo precisamente là dove l'avevano preso. Un panico di tal fatta è una cosa sciocca e finisce inevitabilmente nel nulla. Se si guarda bene, anche se gli istituti di emissione imprestano biglietti per centinaia di milioni o persino per un miliardo, qui non si è avuto aumento di circolazione. I biglietti sono usciti per qualche giorno dalle casse delle banche, sono emigrati nelle tasche dei depositanti e poi sono ritornati là donde erano venuti. Con quei biglietti nulla è stato comperato; epperciò neppure un prezzo si è mosso; nessun gravame ha subito la collettività. Se l'aumento di circolazione, che sarebbe secondo alcune notizie stato autorizzato, è di questa natura, esso non è criticabile. È un'autorizzazione precauzionale: e per lo più, anzi quasi sempre, basta l'annuncio della facoltà concessa per calmare gli animi e per rendere inutile ogni aumento di fatto.

Diversamente stanno le cose quando l'aumento di circolazione ha per iscopo di consentire a certe industrie, le quali non producono o non producono più cose necessarie al paese o le producono ad un costo troppo elevato, di continuare ad avere il capitale circolante per comprare materie prime, pagare operai, produrre merce. In Italia avemmo parecchi di questi interventi, di cui il più celebre fu quello a favore delle imprese edilizie a Roma verso il 1890. Si costruiva troppo a Roma in quell'epoca; e alcune imprese erano sul punto di fallire perché le case costruite non trovavano più compratori od inquilini a prezzi rimuneratori. Invece di lasciarle fallire, si fecero anticipazioni, sperando che la crisi fosse passeggera. Invece l'ossigeno fornito consentì di continuare nelle costruzioni; le case divennero ancora più abbondanti, e la crisi scoppiò ugualmente, più tardi e più violenta perché le sue proporzioni si erano nel frattempo ingrandite.

Bisogna guardarsi dall'imitare l'esempio. Se l'aumento di circolazione dovesse servire solo a mantenere in vita industrie non sane, non capaci di vivere di vita propria, noi infliggeremmo al paese due sciagure: un primo rincaro della vita per l'aumento della moneta cartacea circolante e un secondo rincaro derivante dalla necessità di proteggere industrie artificiali e viventi solo con l'ausilio dei dazi doganali.

Il ministro del tesoro ha il dovere di dimostrare che, se ci fu intervento dello stato con autorizzazione ad emettere nuovi biglietti, esso non fu di questo tipo ed invece ebbe unicamente per iscopo di passar sopra a momentanee difficoltà, senza alcun pericolo di durature immobilizzazioni per gli istituti di emissione.

7 dicembre 1921

GLI INSEGNAMENTI DELLA CRISI

I due provvedimenti susseguitisi a distanza di pochi giorni l'uno dall'altro – limitazione dei contratti di borsa al contante con divieto dei contratti a termine e ristabilimento dell'istituto della moratoria per gli enti i quali ne facciano domanda e dimostrino la gravità e l'inevitabilità della crisi e insieme il possesso dei mezzi atti a soddisfare i proprii impegni verso i creditori – appartengono a due mentalità diverse. Il primo è provvedimento proprio di un momento in cui si spera ancora di riuscire ad arginare la crisi e ad operare il salvataggio «silenzioso» degli istituti pericolanti. Si temeva, evidentemente, che speculatori meglio informati del pubblico grosso, vendessero allo scoperto azioni della Banca italiana di sconto, le quali erano quotate ancora pochi giorni fa a 500 lire circa, che era la pari; e, determinandone il ribasso, gettassero il panico fra i depositanti. Il tentativo era difficile e pericoloso: difficile, perché non si ricorre a tali rimedi estremi – del resto di dubbia efficacia – se il pericolo non è imminente; pericoloso perché si corre il rischio di gettare il sospetto su tutti i titoli, quelli buoni e quelli cattivi. In tempo di pace la facoltà di vendere a fine mese titoli che non si posseggono, 99 volte su cento non nuoce al credito delle aziende buone e fa correre gravi rischi soltanto ai venditori, obbligati bene spesso a ricomprare ad alti prezzi ciò che hanno venduto nella speranza di un ribasso, che poi non si verifica.

Comunque sia, il tentativo di salvare la situazione col silenzio non è riuscito. Risulta ormai dai fatti che la Banca italiana di sconto non poteva reggere alle domande di rimborsi crescenti, dell'estero e dell'interno, le quali pare abbiano assorbito la parte migliore dei 600 milioni di lire messi a sua disposizione poco tempo addietro dal consorzio bancario appositamente formato. L'avere, col divieto dei contratti a termine, mantenuto il corso delle azioni poco sotto le 500 lire, non impedì che i correntisti e depositanti chiedessero rimborsi a cui la banca era impreparata.

Dalla situazione al 31 ottobre scorso risulta che l'istituto aveva 922 milioni di depositi e 3 miliardi e 74 milioni di saldi creditori dei suoi corrispondenti. Al passivo corrispondevano altrettante attività; ma queste pare non fossero abbastanza liquide da consentire di far fronte ad un movimento largo e crescente di domande di rimborsi. La banca aveva immobilizzato i capitali proprii e per gran parte anche quelli dei depositanti e dei correntisti in prestiti all'industria. Tipica delle forme di immobilizzo è quella dei larghi prestiti, per parecchie centinaia di milioni, all'Ansaldo. Le industrie debitrici posseggono fabbriche, macchinari, navi, merci; ma anche se tutto ciò conservasse, ciò che non è, un valore eguale al costo, quel valore è tutto affatto irrealizzabile nel momento presente. Con edifici, con macchine, con merci non si rimborsano depositi neppure in moneta di carta.

Per poter fare ciò sarebbe stato necessario che la Banca d'Italia, col consenso del governo, stampasse apposta della nuova carta-moneta e che scontasse effetti della banca imbarazzata, con l'avallo forse delle altre banche. Queste si devono essere rifiutate a dare la garanzia, ritenendo probabilmente di avere adempiuto al proprio dovere concorrendo alla formazione del precedente consorzio dei 600 milioni; e il governo non deve aver dato il proprio consenso alla stampa di nuova carta-moneta.

Siamo così passati al secondo momento in cui domina una mentalità diversa; e se le cose sono andate all'incirca come dissi sopra, parmi che le banche e il governo abbiano bene operato nel decidere di dar libero corso alla liquidazione della crisi, pur facilitandola nei limiti del possibile. La Banca italiana di sconto ha subito chiesto quella moratoria, che pare siasi istituita appositamente per essa. Ove il tribunale l'accordi, saranno nominati dei nuovi amministratori giudiziali, i quali si sostituiranno agli attuali, che, per fatalità o imprudenza, non hanno gerito bene le cose. Si farà un bilancio esatto delle partite di dare e di avere, liquidando l'aggrovigliata situazione che si era andata formando. È molto meglio per gli azionisti, per i depositanti, per i debitori, per le altre banche, per il paese sapere chiaramente su che cosa si può fare assegnamento, che non vivere nell'incertezza, la quale consentiva agli informati di ritirare tutto, mentre gli ignari vedevano assottigliarsi le attività. Per le altre banche, il fatto che esse non si giovano della moratoria, servirà ad impedire maggiori allarmi. Per il paese, è bene si sia posto il punto fermo ai salvataggi, mercé emissioni di carta-moneta.

Il governo, rifiutando nuovi aiuti e concedendo la moratoria agli enti che si trovano in imbarazzo, ha dichiarato opportunamente che esso non vuole la morte dei colpevoli, ché anzi ne presume, fino a prova contraria, la buona fede e l'involontarietà della situazione disagiata in cui si trovano oggi; che concede loro un ragionevole respiro per liquidare e rimettersi in carreggiata; ma ha dichiarato altresì che gli enti imbarazzati non possono e non debbono sperare di salvarsi a spese degli istituti sani e prudenti e, quello che è peggio, a spese del pubblico. Il taglio del bubbone gioverà a ridare vigoria all'organismo economico italiano. Bisogna ricordare che in Italia, al 30 giugno 1921, le somme depositate nelle banche e nelle casse di risparmio giungevano a 26 miliardi e 600 milioni di lire; delle quali solo 900 milioni erano depositate alla Banca italiana di sconto. Poiché nel mondo bancario la situazione era nota, tutte le banche da mesi e mesi stavano preparando formidabili mezzi pecuniari per essere in grado di fronteggiare un possibile inasprirsi delle domande di rimborso fra i depositanti. La raccomandazione consueta a questi ultimi di tenere i nervi a posto e di non lasciarsi inconsultamente impaurire, è dunque quasi oziosa. Se le banche di emissione (con 996 milioni di depositi), quelle ordinarie (con 5 miliardi e 612 milioni compresi 900 milioni circa della Banca di sconto), quelle popolari (con 3 miliardi e 665 milioni), le casse di risparmio ordinarie (con 7 miliardi e 475 milioni), quelle postali (con 7 miliardi e 869 milioni), i monti di pietà (con 553 milioni) e le casse rurali (con 444 milioni) hanno detto: «bastano gli aiuti e venga la liquidazione degli organi ammalati», segno è che esse sentono di compiere così il proprio dovere verso i proprii azionisti, verso i depositanti, verso il paese. Se la Banca d'Italia ha ritenuto che convenisse lasciare libero corso alla moratoria invece di procedere ad un allargamento del consorzio, ciò fece certamente perché ricordò, ed è decisa a metterlo in atto, col consenso del governo, il vecchio adagio: dare, dare, senza esitazioni a tutti coloro che si presentano con una situazione netta.

Anticipare anche due o tre miliardi per rimborsare depositi non vuol dire, notavo pochi giorni or sono, aumentare la circolazione, poiché dopo poco tempo quei miliardi ritorneranno nelle casse donde furono estratti.

È augurabile però che non occorra nemmeno procedere ad un aumento della circolazione. Il pubblico, sentendo che il processo di liquidazione è in corso, tirerà invece il fiato e riacquisterà fiducia nell'avvenire. Da mesi, banche e casse restringono gli sconti per conservare in cassa miliardi di biglietti, per essere pronte a qualunque domanda di rimborso. Era l'aria greve che precede la tempesta. Scoppiata questa, visto che nessuno perderà la testa, toccato con mano che i primi denari rimborsati ritorneranno là dove erano prima, banche e casse potranno non scemare la prudenza, ma allentare un po' l'eccesso della prudenza guardinga che le faceva ripugnare negli ultimi tempi da ogni proposta di nuovi affari e di nuovi sconti. La crisi è sempre l'antesignana del bel tempo, purché le si lasci libero corso. Ed è sempre ammaestratrice.

La crisi odierna insegna quanto fossero nel vero quei «teorici», i quali masticano sempre amaro dinanzi ai trionfi della nuova politica d'affari delle banche a tipo tedesco. Dicevano i teorici: «Le banche non devono impiegare i depositi in prestiti a lunga scadenza alle industrie». Il sistema «nuovissimo» di interessarsi in industrie con partecipazioni e acquisti di azioni sarà il *non plus ultra* della modernità; ma è pericoloso. La Germania, che lo ha ripreso, dopo che gli inglesi l'avevano abbandonato da un secolo, ha fatto già in proposito esperienze dolorose. L'esperienza della Banca italiana di sconto, coi suoi «finanziamenti» colossali dell'Ansaldo ecc., insegni per l'avvenire. Le banche, le quali ricevono depositi a breve scadenza, debbono essere prudentissime nel fare gli anticipi agli industriali perché costruiscano stabilimenti o comprino macchine.

È questo il compito di altri istituti, diversamente organizzati: non delle banche. Le banche debbono fare prestiti su cambiali e su titoli, prestiti a breve scadenza e facilmente liquidabili. Sono regole modeste, terra terra, non atte a dare le vertigini ai dirigenti, antiche, sebbene non antiquate. Con esse si è fatta lunga strada, non solo in Inghilterra, ma anche da noi, dove molte sono le casse e le banche che resistettero sempre ai deliri della grandezza e vivono perciò vita sicura. La crisi è ammaestratrice anche per gli azionisti, rispetto ai quali non ripeterò la predica, fatta pochi giorni fa, dell'opportunità di una propaganda d'istruzione a loro favore sui giornali e sulle riviste, perché una rivista economica autorevolmente mi ammonisce che gli azionisti non vogliono saperne di leggere e di istruirsi. Se è così, se è vero che i capitalisti italiani non vogliono spendere nulla per ottenere informazioni sincere e oneste, perché oggi si lagnano? Se è vero che capitalisti senza numero portarono alle banche il loro consolidato per la brama di un abbuono dell'1%, illudendosi che i titoli depositati rimanessero di loro proprietà e non corressero la sorte di un qualunque altro deposito, perché oggi si lagnano? Se comperarono i titoli industriali a casaccio, fidandosi di manifesti emanati dagli interessati, senza richiedere consigli a persone probe e competenti non debbono oggi recitare un po' il *mea culpa*? Sarebbe un gran male se la crisi di borsa spaventasse i risparmiatori contro tutti gli investimenti industriali; ma sarà un gran bene se li persuaderà che non esiste nessun impiego assolutamente sicuro e che essi hanno il dovere, verso se stessi e verso il paese, il quale ha interesse agli impieghi oculati del privato risparmio, di studiare attentamente, con prudenza e senza ingordigia, le occasioni di impiego che di volta in volta si presentano. Nel dubbio, astenersi da qualunque impiego, e contentarsi del 3% dei conti correnti a vista presso banche e casse serie e prudenti.

30 dicembre 1921

RESPONSABILITÀ

La domanda presentata al tribunale di Roma dal comm. Pogliani per ottenere la moratoria è un documento davvero straordinario. Esso si compone di due parti nettamente distinte; la seconda delle quali soltanto è una giustificazione seria dell'operato degli amministratori. In questa seconda parte, che pare quasi accennata per incidente, si osserva che la causa prima della crisi attraversata oggi dall'istituto fu il programma da esso seguito durante la guerra, col fare anticipi larghissimi a quelle aziende industriali e principalmente all'Ansaldo, le quali lavoravano a produrre materiali bellici. Il Pogliani osserva che di questa condotta non potrebbe oggi farsi una colpa all'istituto. Qui egli ha ragione. Qualunque cosa si pensi del disordine regnante, a quanto dicesi, nelle aziende che fanno capo all'Ansaldo e quindi alla Banca italiana di sconto, qualunque giudizio si voglia dare sul valore giuridico delle domande fatte da questo gruppo industriale all'erario in rapporto alle preparazioni costose troncate a mezzo dall'armistizio, bisogna riconoscere, anche e sovratutto oggi che il colosso è caduto, che quel gruppo di uomini, fabbricando cannoni e munizioni in anticipo alle ordinazioni che ricevevano dallo stato, concorsero, dopo Caporetto, a salvare l'Italia.

Se si fossero fermati lì, oso affermare – sebbene naturalmente non possa dare la prova piena dell'affermazione – che essi non sarebbero caduti. Si sarebbero traversati momenti difficili. Forse quelle aziende avrebbero dovuto rimborsare allo stato i guadagni fatti quando non c'erano all'uopo le disponibilità pronte. All'ora dei guadagni sarebbe succeduta quella dei restringimenti, dei prelievi delle riserve per colmare le perdite, dei mancati dividendi. Ma l'edificio sarebbe rimasto in piedi, come tanti altri ne rimangono, saldi, intenti a curare con prudenza le ferite inevitabili dei periodi di crisi.

L'errore è cominciato dopo l'armistizio; ed è confessato apertamente, quasi inconsapevolmente, nella prima parte della domanda Pogliani.

In questa prima parte c'è la dimostrazione piena ed incontrovertibile della errata condotta dei dirigenti della Banca italiana di sconto. Essi si montarono la testa e quasi quasi ancora osano vantarsene.

Venuto l'armistizio, essi credettero che «la vittoria sarebbe stata l'inizio dell'ascensione economica del paese» e perciò «continuarono ad appoggiare finanziariamente le aziende industriali che si avviavano a trasformare la loro attività bellica e i loro impianti e continuarono a secondare con larghezza di fidi le private iniziative in conformità al programma fondamentale della banca».

Ancora quando nell'Europa in genere e in Italia in specie si ebbe una crisi generale che colpì non soltanto la pubblica finanza ma ogni ramo della produzione e dell'economia nazionale, questi dirigenti «sperarono» ancora «che la crisi fosse un fenomeno transitorio», ed evidentemente non restrinsero le operazioni.

Ma quale fiducia si può avere nel senno, nell'antiveggenza, nella capacità amministrativa di banchieri che operano sulla falsariga di inconcludenti articoli di pubblicisti incompetenti e fanno precisamente il contrario di ciò che i loro colleghi più sperimentati facevano, in Italia e in tutti i paesi del mondo? Fiducia, sì, nell'avvenire del paese, si doveva e si deve avere; ma non si ha fiducia azzardando capitali in nuovi impianti, in nuove intraprese, proprio quando la prudenza elementare consigliava a guardarsi attorno, a liquidare il passato, a prepararsi il terreno saldo da cui partire per nuovi progressi. Quando dappertutto il saggio del denaro rincarava; quando da ogni parte si invocava una politica monetaria deflazionista, che facesse ribassare i prezzi, era quello il momento di allargare i cordoni delle borse? Né qui si vogliono fare inutili querimonie su ciò che si poteva fare e non si fece. Dell'esperienza del poi sono piene le fosse; ma altri banchieri non aspettarono il poi e tirarono i remi in barca. Questi della Banca italiana di sconto non lo fecero, non solo perché peccarono di imprevidenza elementare, ma anche perché si abbandonarono, con visione da megalomani, alla lusinga di un troppo vasto disegno.

Ancora oggi, in questo tristo momento, il Pogliani adopera un linguaggio magniloquente: «premesso che la Banca italiana di sconto veniva fondata il 30 dicembre 1914, in quel fortunoso momento storico nel quale l'Europa era colpita dalla conflagrazione europea e già si designava all'orizzonte la probabilità della partecipazione dell'Italia al nuovo conflitto, e che il nuovo istituto rappresentava una nuova forza finanziaria a compiere una missione di ausilio ai bisogni delle nazioni...».

Si capisce che, volendo concorrere ad aiutare le nazioni in guerra, il nuovo istituto portasse rapidamente il suo capitale da 15 milioni iniziali a 70 milioni nel 1915, a 115 nel 1917, a 180 nel 1918 ed a 315 nel 1919, mentre in ogni città o quasi in ogni villaggio d'Italia si faceva raccolta di capitali per giungere agli attuali 4 miliardi di depositi e conti correnti. Soltanto per un'illusione di grandezza si può considerare serio e promettente un così vertiginoso sviluppo. Gli uomini, che mirabilmente amministravano i 15 milioni di capitale e le poche centinaia di milioni del 1914 non dovevano fatalmente essere, di colpo, pari ai 315 milioni di capitale ed ai 4000 milioni di denaro altrui del 1919.

Non si improvvisa una organizzazione in pochissimi anni.

Non esistono in nessun paese del mondo impiegati atti ad assumere di punto in bianco funzioni direttive per una mole così vasta e crescente di affari. Gli errori erano fatali ed inevitabili. Furono soltanto errori? La colpa non assunse in qualche momento e sotto certi aspetti una figura più grave? A questo punto non è lecito andare innanzi, perché manca il terreno solido delle confessioni volontarie dei responsabili. Rei confessi di mania di grandezza, si è quindi, per dichiarazione propria, disadatti a governare un istituto, che se non è ancora un organismo, è certamente un ammasso imponente di iniziative buone e cattive, ardite e promettenti, arrischiate e fortunose. Più in là non si può andare se non ripetendo il monito dell'on. Luzzatti che bene si guardi a chi si debbano applicare le mitezze del codice di commercio e chi meriti le sanzioni del codice penale. Anche l'on. Belotti ha ripetuto che l'onesto tentativo di pregiudicare nella minor misura possibile le ragioni dei creditori «non deve rappresentare un alibi né una sanatoria per chi colposamente e peggio ancora dolosamente l'abbia messe a repentaglio».

Queste non devono restare vane parole. E devono valere per tutti gli amministratori responsabili delle aziende che hanno travolto o che potranno travolgere nel loro dissesto il denaro dei risparmiatori. Le benemerenze passate, che, ripeto, non avrebbero mai potuto portare alla rovina industrie saggiamente amministrate, non debbono essere invocate per evitare le conseguenze di eventuali responsabilità successive. Se talvolta è necessario salvare gli istituti, non giovano mai i salvataggi degli uomini. I commissari giudiziali ed i magistrati debbono provvedere sollecitamente, severamente, serenamente, all'accertamento delle responsabilità. Ognuno deve ricevere la lode dei proprii meriti e pagare il fio delle proprie colpe.

1 gennaio 1922

DOMANDE

Seguitando nel discorso delle responsabilità, si sono lette nei giornali di questi giorni affermazioni troppo gravi perché sia lecito passarle sotto silenzio. Le affermazioni possono essere poste sotto forma di domanda:

È vero che il corso delle azioni della Banca italiana di sconto fosse tenuto assai fermo, in aperto contrasto con le voci o le sensazioni pessimiste, le quali andavano diffondendosi da tempo nelle borse?

È vero che cotal contegno fermo fosse dovuto ad acquisti di azioni da parte di enti affiliati o creature della Banca di sconto, in aperto contrasto sostanziale, se non formale, con le norme del codice di commercio, le quali fanno divieto alle società anonime di acquistare azioni proprie? Divieto inteso, come ognun sa, ad evitare che una società anonima figuri, di fronte ai terzi, meritevole di fido in funzione di un capitale che, in caso di acquisto dei proprii titoli, in realtà più non possiede.

È vero che gli acquisti rivolti a tenere fermi i corsi continuarono anche dopo la costituzione del consorzio dei 600 milioni e coi denari del consorzio medesimo?

Se i dirigenti del consorzio somministrarono fondi a tal uopo e ciò fecero evidentemente allo scopo di impedire che il ribasso delle azioni traesse con sé la sfiducia nella banca e provocasse il panico dei depositanti – e, facendo ciò, essi operavano in conformità ai fini del consorzio – ebbero cura o modo di assicurarsi che nessuno facesse ad essi la contropartita? Non accadde cioè, come insistentemente vedo affermato per le stampe, che mentre il consorzio comperava per tener fermo il titolo, altri, detentore di grossi pacchi di azioni e forse conoscitore della situazione interna della banca, vendesse per mettersi in salvo per tempo? Cosicché il consorzio, invece di un mezzo per rinsaldare la banca, stava diventando una comoda scappatoia per i grossi detentori di azioni per sfuggire alle conseguenze di una crisi che essi conoscevano inevitabile?

Se a queste domande i commissari giudiziali dessero risposta affermativa, almeno in quanto è possibile darla, si imporrebbero alcune deduzioni.

In primo luogo, resta confermato che bene fecero il governo ed i consorziati a non concedere più altri sussidi. Questi si danno nell'interesse del paese, non per consentire ai meglio avvisati di uscire dal ginepraio.

In secondo luogo, come si può consentire, se le cose stanno così o se fondatamente si dubita stiano così, che a capo della banca stiano ancora, sebbene fiancheggiati dai commissari giudiziari, gli antichi amministratori? La loro permanenza diventerebbe ancora più incompatibile, se fosse vero, come non ho ancora veduto stampato, ma si sente dire, che il patrimonio della cassa od istituto di previdenza degli impiegati della banca sia in tutto o per gran parte investito in azioni della banca stessa. Era già biasimevole che questa banca, come ora anche si sente dire, insistentemente consigliasse ai proprii clienti bisognosi di sconto, l'acquisto delle proprie azioni, quasi come condizione per ottenere prestiti; ma che cosa dire del consiglio fornito ai proprii dipendenti di investire i fondi destinati alla vecchiaia o alle malattie in azioni di banca in genere e per giunta di una banca che i dirigenti sapevano trovarsi in condizioni critiche?

Rincresce dover fare e ragionare su ipotesi, quando si desidererebbe poter fondarsi soltanto su fatti bene accertati. Ma da troppe parti si accusa la stampa indipendente di aver taciuto quando era il tempo di parlare e di voler mettere ancora oggi tutto in tacere, per la salvezza del regime borghese pericolante. Quelli stessi che così oggi rimproverano a noi il silenzio passato, probabilmente ci avrebbero tacciati di diffamatori o ricattatori se si fossero dati avvertimenti. Nella realtà, non si poteva discorrere quando nessuno sapeva, all'infuori di pochissimi iniziati o quando si trattava di voci incontrollabili, che davvero potevano essere diffamatorie. Nella realtà ancora, il regime borghese non corre alcun pericolo per gli odierni avvenimenti. La storia economica è piena di fatti consimili, la cui importanza relativa diventa col tempo sempre più piccola. Nonostante la guerra e la grandezza delle sue dimensioni e degli sconvolgimenti da essa provocati, le catastrofi bancarie ed industriali sinora in Italia ed all'estero non hanno assunto le terrificanti proporzioni di un tempo.

In Italia la caduta della Banca generale, del Credito mobiliare, della Banca romana ebbero ripercussioni più vaste. Né in Francia, né in Germania, né in Austria si è verificato nulla di simile ai fattacci del Panama od alla crisi del 1873; in Inghilterra non si segnala ancora nessun venerdì nero e negli Stati uniti l'organismo bancario ha resistito ed anzi ha provocato con previggenza la crisi, la quale si svolge assai più tranquillamente di quella del 1907. Non parliamo delle catastrofi del secolo XVIII, alle quali ora non si può trovare nessun termine di confronto, salvoché, s'intende, nella Russia, dove tutti i contrassegni più acuti delle crisi cosidette capitalistiche del passato si riproducono magnificati sotto una enorme lente d'ingrandimento, la quale dà ad essi aspetti spaventosi di miseria, di distruzione, di carestia e di morte.

No. L'economia attuale, male designata col titolo di borghese o capitalista, si è agguerrita attraverso le esperienze del passato; ha imparato molte lezioni e ne ha tratto profitto. Sarebbe desiderabile che i suoi dirigenti imparassero alcune altre lezioni, per trarne loro pro nelle inevitabili crisi dell'avvenire. Ne indico talune, quasi a corollario delle ipotesi o domande poste prima e le quali è desiderabile vengano meditate non solo dall'autorità giudiziaria, ma pure dal pubblico e dagli interessati:

– Non giova tener su i proprii titoli artificiosamente.

Chi agisce in tal modo si prepara la fossa ancor prima.

– Non giova inspirar fiducia per forza ai clienti od inculcarla ai dipendenti. I clienti, che hanno bisogno di sconti, non possono investir denaro in azioni; ed i fondi dei dipendenti vanno investiti in impieghi non connessi con la fortuna della casa a cui sono addetti.

– I consorzi di sostegno, i divieti di vendita allo scoperto sono empiastri su una gamba di legno; consentono ai furbi di svignarsela e lasciano gli altri in peste peggiori di prima.

Umili verità, anche queste; risapute da gran tempo. Ma giova ridirle nel momento in cui, per una dolorosa esperienza subìta, la mente degli uomini è più atta a meditarle ed a ricordarle in avvenire, quando il ricordo ne sarà tempestivo e fruttuoso. La forza dell'economia attuale sta anche nel cumulo enorme di ricordi di errori passati, i quali di tanto in tanto impediscono un errore presente.

4 gennaio 1922

RIFLESSIONI

In ubbidienza ad un decreto legislativo del governo, il tribunale di Roma ha ordinato il sequestro dei beni di tutti gli amministratori della Banca italiana di sconto. Il gran pubblico ha così letto in questa occasione triste, forse per la prima volta, l'elenco dei nomi di quegli amministratori. Troviamo in questo elenco grandi nomi; troviamo nomi di persone universalmente note e rispettate. Tutti costoro devono oggi ripensare con amarezza se e quali responsabilità hanno incontrato nel gerire gli affari della banca affidata alle loro cure; e non pochi diranno il vero confessando: «Ma noi non sapevamo nulla! Faceva tutto l'amministratore delegato; e nelle nostre sedute si comunicavano solo gli affari più importanti e si discutevano direttive generali indubbiamente rivolte all'incremento dell'istituto e del paese. Che colpa abbiamo noi se non tutte le iniziative riuscirono a buon fine?». Altri ancora, e forse non dei minori, farà notare – e già se ne sussurra – che egli non interveniva quasi mai alle sedute del consiglio, a cui pure il suo nome conferiva autorevolezza grande.

Qui occorre tenersi lontani da due estremi, ugualmente pericolosi: il primo dei quali sarebbe di attribuire oggi agli amministratori responsabilità che né la legge né la consuetudine attribuivano loro prima del 29 dicembre 1921, data della chiesta moratoria. Come si troverebbe ancora, salvo tra i nullatenenti e gli imbroglioni, l'uomo disposto a fare l'amministratore, se si sapesse che in Italia vige il rischio che una legge o un decreto posteriore ad un eventuale dissesto, può affibbiargli responsabilità inesistenti nel tempo in cui egli accettò e tenne la carica? Il secondo eccesso sarebbe quello di ammettere il principio che gli amministratori ignorino l'azione dei veri dirigenti. Entro, s'intende, i limiti del loro compito, gli amministratori di un'anonima devono farsi parte diligente, cercare di sapere, e, non riuscendovi, devono dare le dimissioni. Certo il doloroso esempio gioverà per l'avvenire a toglier di mezzo il non bello andazzo di far figurare nelle liste dei nomi degli amministratori di società anonime quelli di uomini illustri per dottrina, cariche coperte o censo, uomini che poco operano e consentono tacitamente a servire da richiamo in compenso di una più o meno pingue propina. Fu di moda un tempo in Inghilterra di includere sempre nei consigli delle società per azioni il nome di uno o più membri della camera dei *lords*; ma la moda oggi illanguidisce per ché il pubblico si insospettisce invece nel leggere nomi figurativi ed è benigno ai *lords* solo quando essi siano o siano stati davvero mercanti od industriali di vaglia.

L'accenno fatto sopra alla necessità che una legge posteriore non turbi l'impero della legge sotto il cui dominio avvennero i fatti sottoposti a giudizio, induce a qualche riflessione sul risultato che presumibilmente si potrà attendere dalla risurrezione del morto istituto della moratoria.

Intanto, questa risurrezione ci ha fatto un gran male all'estero e, giova confessarlo, all'interno. La moratoria ha una brutta nomea dopo l'agosto 1914. Invincibilmente, il pubblico riconnette quella parola all'idea di una serrata, per cui nessuno può disporre delle cose sue. Il governo ed i giornali si affannarono a spiegare che trattavasi di istituto particolare e non generale; ma ci volle del bello e del buono a persuadere i depositanti che, appunto perché l'aveva chiesto la Banca italiana di sconto, il decreto aveva già servito al fine per cui era stato emanato, ed era improbabilissimo che altri ancora ne facesse uso. Il sospetto rimase e non giovò al credito del paese.

In che cosa, sostanzialmente, per quanto tocca i depositanti, la moratoria differisca invero dal comune vigente istituto del concordato preventivo? In questo, sembra: che la moratoria deve finire col pagamento al 100%, mentre il concordato preventivo può conchiudersi anche al 40%, sebbene possa spingersi anche al 100%. Ma non fu presunzione soverchia quella del governo e dei magistrati di assicurare così, tacitamente, un pagamento integrale, che è augurabile possa ottenersi; ma sicurissimo non è? E se staremo, anche di poco, al disotto, come si giustificherà il colpo inferto al credito?

Perché, fa d'uopo oramai dirlo apertamente, il danno al credito ci fu. La prima, essenzialissima condizione per ottener credito è di garantire ai creditori, nazionali ed esteri, di essere pronti a subire le conseguenze dei propri errori sotto l'impero della legge che vigeva nel momento in cui il credito è concesso. Nuoce far nascere nella mente dei possibili sovventori il dubbio che il debitore possa ottenere poi una legge speciale a suo favore per sottrarsi alle sanzioni (ad esempio di concordato o di fallimento) che esistevano al momento della ottenuta sovvenzione. È un dubbio questo che occorre ad ogni costo far svanire, se si vuole conservare il credito al paese. Perciò il decreto ultimo merita lode perché avvicina le responsabilità degli amministratori a quelle ordinarie sancite dal codice di commercio contro i commercianti che sono in istato di cessazione di pagamenti. Tanto meglio, quanto più presto si ritornerà al regime normale.

Perciò, a costo di andar contro corrente, debbo considerare deprecabile la proposta fatta da giornali e da uomini politici e da interessati di creare nuovi privilegi o rimborsi anticipati a favore dei piccoli depositanti o degli agenti di cambio o di portatori di assegni ecc. ecc. Se il privilegio esisteva prima del 29 dicembre 1921, lo si osservi. Altrimenti no. Sarebbe un disastro per l'Italia e per il credito di cui gli italiani hanno bisogno introdurre nella legislazione il principio che il governo possa, a posteriori, favorire più una categoria che l'altra di creditori. Nessuno farebbe più credito, perché tutti temerebbero di vedere le proprie ragioni posticipate, da un nuovo improvviso decreto, a quelle di creditori più rumorosi o dei beniamini degli uomini al potere. Evitiamo, per carità, una sciagura tanto grande.

A proposito degli agenti di cambio, la loro agitazione merita un cenno. Il fatto avvenuto sarebbe questo. Ci fu chi, prima del 29 dicembre, domandò in borsa di comprare azioni della Banca italiana di sconto a prezzi che pare si aggirassero intorno a 500 lire. Costui non fu e non poteva essere direttamente la Banca italiana di sconto, a cui la legge fa divieto di compiere tali operazioni. Se l'avesse fatto contro legge, i venditori dovevano sapere che acquistavano male e che correvano rischio di non vedere ritirare le azioni vendute. Perciò gli agenti di cambio venditori non hanno diritto di lagnarsi contro l'ordinanza la quale vieta alla Banca italiana di sconto di ritirare azioni proprie o di fornire altrui i fondi per ritirarle. Quell'acquisto era nullo ed illegale prima e tale deve restare oggi.

Chi comprava era, a quanto pare, un agente di cambio romano, il quale agiva per conto di una Banca italo-caucasica, creatura della Banca italiana di sconto. Pare che comprasse anche o consigliasse a comprare il consorzio dei 600 milioni costituito per la difesa della Banca italiana di sconto. Rispetto a costoro – agente romano di cambio, Banca italo-caucasica e Consorzio di difesa – la posizione è chiara: essi non possono farsi fornire dalla Banca italiana di sconto neppure un centesimo per ritirare le azioni in discorso; ma, in quanto posseggono fondi «proprii» e fin dove giunge la loro responsabilità giuridica e morale (quest'ultimo aggettivo si riferisce al consorzio) devono ritirare le azioni comprate e pagarle al prezzo pattuito di 500 lire e non meno. Se non lo fanno, bisogna applicare ad essi le sanzioni ordinarie del codice di commercio e della legge speciale delle borse. Falliscano, siano esclusi dalle borse e non se ne parli più.

Questo e non altro è ciò che possono chiedere gli agenti di cambio venditori. Essi hanno diritto di far ritirare le azioni vendute a 500 lire. Anche se sono speculatori, ossia se hanno venduto le azioni che non avevano. Sissignore. La legge vigente consentiva le vendite a termine, fatte da chi non possedeva i titoli venduti, e lo consentiva per molte ragioni, tra cui principalissima quella, che in breve non può essere chiarita, che tali vendite sono utili alle contrattazioni, al sostegno del mercato, alla regolarità dei prezzi ed ai risparmiatori. Tra i due, venditore speculatore e compratore romano, è condannabile il secondo, il quale con ogni probabilità sapeva che non sarebbe stato in grado di ritirare. Costui perciò deve fallire, e peggio, se venisse provata la consapevolezza da parte sua del proprio stato preesistente di insolvenza, mentre il primo ha corso il rischio del fallimento della contropartita e deve subirne le conseguenze. Il venditore, speculatore o no, ha ragione di lamentarsi che il compratore non ritiri a 500; ha ragione di esperire tutti i mezzi legali per indurre il compratore a pagare; ma basta lì. Egli non ha ragione di chiedere un soldo né allo stato né ai depositanti della Banca italiana di sconto. Questi non c'entrano e non devono pagar nulla. Anche a lui, venditore, gioverà la lezione, la quale gli insegnerà a stare con gli occhi bene aperti prima di accettare dal primo venuto, che opera per conto di una qualunque banca del mar Caspio o delle montagne dell'Imalaja degli ordini di compra. Ci furono agenti di cambio i quali tennero gli occhi aperti e si salvarono. Perché gli altri non fecero altrettanto? E se oggi si radicasse il costume che gli agenti di cambio possono operare con gli occhi bendati, sicuri che Pantalone pagherà, come si farebbe in avvenire la selezione tra gli occhi aperti e quelli bendati?

6 gennaio 1922

VERITÀ OVVIE E PRECEDENTI NOTABILI IN TEMA DI CRISI BANCARIE

Ho già avuto occasione di affermare che i consigli di estranei agli azionisti, creditori, amministratori e sovventori della Banca italiana di sconto valgono meno di un bottone frusto. Gli interessati fanno benissimo a scrollare le spalle dinanzi a tali consigli, anche se vengono da persone autorevoli, tanto più se vengono da persone la cui professione è di mettere del nero sul bianco. I consigli rispettabili sono soltanto quelli di coloro che arrischiano in una qualunque impresa i loro quattrini.

Tuttavia, agli estranei è lecito ricordare il passato. Ciò non è dar consiglio; ma semplicemente offrire materiali di studio che anche agli interessati possono riuscire utili. Specialmente quando gli interessati sono sovratutto mossi dal giusto desiderio di non perdere il fatto proprio, come nel caso presente sono i depositanti ed i creditori della Banca italiana di sconto. Ho l'impressione che questi siano stati per parecchio tempo illusi da esposizioni assai ottimistiche sulla situazione del loro debitore. Tutti ricordiamo che nei primi giorni della moratoria, si affermava che le attività della Sconto non solo erano bastevoli a fronteggiare integralmente, dando il tempo occorrente, i debiti; ma che lasciavano un margine anche alla salvezza del capitale sociale. Tuttalpiù si sarebbero perse le riserve. Poi si cominciò ad ammettere che forse gli azionisti dovevano rassegnarsi ad un taglio del 25% sulle loro azioni. Finalmente, dopo l'arrivo dall'America del comm. Gidoni, quarto commissario giudiziario ed esperto bancario, venne fuori una cifra di 1300 milioni di svalutazioni, che, se fosse esatta, vorrebbe dire la perdita di tutto il capitale versato dagli azionisti ed una riduzione non spregevole, forse del 20% sui crediti dei depositanti e degli altri creditori. E le notizie pubblicate sui giornali aggiungono che le attività esistenti ammettono soltanto il pagamento in contanti di meno del 50% dei depositi, oltre ad un eventuale diritto ad un resto se e quando questo resto potrà essere realizzato. Alla quale prospettiva non sembra che i creditori s'acquetino; e vorrebbero almeno il 70% in contanti, sia pure ripartitamente versato in un certo periodo di tempo.

Su di che, una riflessione può farsi: i creditori della Sconto hanno diritto soltanto a tutto ciò che la banca possiede, ed inoltre alle somme che gli amministratori potranno essere chiamati a pagare in relazione alle loro eventuali responsabilità. Nulla di meno; ma neanche nulla di più. Se i debiti della Sconto sono 4500 milioni; e se tutte le attività realizzabili, più i contributi degli amministratori, valgono 3000 milioni, essi potranno riscuotere i due terzi dei loro crediti; se valgono 4000 milioni gli otto noni; se, per dannata ipotesi, solo 2250 milioni, essi potranno avere appena il 50%.

Da quale fonte invero potrebbero essi ricavare di più? Non dal denaro fresco versato da nuovi azionisti, perché non si troverà, credo, in Italia nessun risparmiatore disposto a regalare i propri risparmi alla Sconto per permetterle di pagare ai proprii creditori una percentuale maggiore dell'esistente. Non da altre banche, che hanno il dovere di non far donazione altrui dei denari dei proprii depositanti.

Non dalla Banca d'Italia, ossia dal governo, perché il ministro del tesoro non può per nessuna ragione al mondo regalare neppure un centesimo del denaro dei contribuenti.

Il problema, per i creditori della Sconto, è dunque tutto qui: valorizzare al massimo le attività esistenti. Le vie seguite in passato in casi analoghi furono molte e divergentissime; ma, da un certo punto di vista, si potrebbero classificare in queste due: della fretta e della pazienza.

Se si ha fretta, di solito si realizza male. Chi è in grado, oggi, in Italia di rilevare tutte le varie e colossali aziende in cui la Sconto era interessata: miniere, scavi, stabilimenti industriali, terre, case ecc. ecc.? Siamo in un periodo di crisi acuta, in cui nulla si trova a vendere, se non a prezzi rotti. Né si incolpino i possibili acquirenti. Il futuro è incerto e scuro; nulla si sa sull'esito possibile di molte, anche ottime, aziende. Chi compra deve premunirsi con un taglio se non vuole correre alla rovina.

Con la pazienza, invece, è accaduto in passato che i realizzi potessero farsi con discreti risultati. Ricordiamo tutti il caso della Banca d'Italia, sorta nel 1894 dalla liquidazione della Banca nazionale con un formidabile immobilizzo di case e di terreni. Messi sul mercato subito, non si sarebbe realizzato nulla o quasi nulla. Erano anni torbidi, come gli attuali, in cui non c'erano compratori. Invece la Banca non realizzò. Fondò due istituti di smobilizzo, l'uno per i beni stabili e l'altro per i fondi rustici, i quali, con il tempo e con la pazienza, molto tempo e molta pazienza, rimisero in valore i patrimoni ricevuti e poterono dare nuovamente discreti dividendi, ricostituendo i capitali che parevano perduti.

Io non dico che si debba ripetere la medesima esperienza. Oggi si tratta di imprese diverse, industriali per lo più e forse più aleatorie. È ignoto quale possa essere il risultato definitivo della liquidazione. Ma l'esperienza del passato sembra dimostrare inoppugnabilmente due verità: la prima delle quali è che il nuovo ente bancario, il quale piglierà il seguito della Sconto, deve avere un proprio capitale fresco, non impegnato e divorato dalle perdite vecchie ed atto a lavorare ed a far fruttare l'organizzazione esistente. Se i creditori della Sconto credono che questa organizzazione valga assai, debbono persuadersi che l'unico modo di valorizzarla è di versare nuovo capitale, prelevato sulle prime disponibilità liquide dell'istituto attuale, ossia prelevato sui loro depositi. La seconda verità è che la liquidazione delle attività esistenti darà probabilmente tanto maggior soddisfazione ai creditori, quanto più essa sarà fatta con calma e cogliendo le occasioni e i momenti opportuni; ossia quanto minor fretta essi metteranno nell'incassare le percentuali risultanti dalla liquidazione delle attività esistenti.

4 febbraio 1922

L'AZIONE DEL GOVERNO. "ALBO SIGNANDA LAPILLO"

Lapidarie le parole indirizzate dall'on. Bonomi al consorzio dei creditori della Banca italiana di sconto:

> Lo stato, da qualunque governo esso sia rappresentato, può soltanto agevolare il superamento della grave crisi bancaria con provvedimenti già in gran parte adottati, ma non può, né potrà mai, né compromettere la esistenza degli istituti di emissione, così collegati all'economia del paese, né trasferire sui contribuenti italiani le perdite di una impresa privata. Una siffatta assurda pretesa, qualora fosse accolta, susciterebbe i comizi di protesta di tutti i contribuenti italiani.

Forse il presidente del consiglio è andato un po' troppo innanzi quando ha scritto «susciterebbe», mentre la parola adatta era: «dovrebbe suscitare». Purtroppo, i contribuenti italiani non hanno coscienza della gran parte che essi hanno nella vita nazionale e che attribuisce ad essi importanti diritti, correlativi ai doveri a cui soddisfano col pagare le imposte. Quando «taluni» creditori di un banco dissestato – e dico a bella posta taluni, perché son sicuro che la grande maggioranza non accampa tali assurde pretese – chiedono l'intervento dello stato e danno a tale intervento il significato di un sacrificio che i banchi di emissione e l'erario dovrebbero sopportare, essi dimenticano che l'erario si alimenta unicamente con le imposte; e che i contribuenti possono essere chiamati a pagare imposte esclusivamente per fini pubblici, non mai per fini privati. I creditori hanno diritto di ripartirsi tra di loro tutto l'attivo della Banca di sconto, non un centesimo di meno. Hanno diritto di far pagare agli ex amministratori tutto ciò che essi debbono pagare a norma della legislazione vigente quando essi erano in carica; non un centesimo di meno. Ma, in aggiunta, essi non possono pretendere nulla dal pubblico erario. Non possono chiedere che gli istituti di emissione, ossia i contribuenti, si accollino al prezzo di 1000 attività della Banca di sconto che valgono soltanto 700 od 800 od anche 999. Questo sarebbe, come ben dice l'on. Bonomi, «trasferire sui contribuenti italiani le perdite di una impresa privata». Lo stato non può dare alcuna garanzia, neppure morale, a pro di private imprese. Ogni banca, ogni industria deve correre le alee inerenti alla sua vita. Se lo stato garantisse le private iniziative contro le perdite, quale spaventevole abisso si spalancherebbe dinanzi al paese! Ognuno terrebbe per sé i risultati buoni degli affari bene riusciti; ed ingrosserebbe le perdite degli affari cattivi per farsele rimborsare dallo stato. Peggio: non vi sarebbe più alcuna ragione di essere prudenti nella scelta degli affari, perché l'iniziatore sarebbe sicuro che, in caso di insuccesso, pagherebbero i contribuenti. Sarebbe premiare i fallimenti e le iniziative balorde ed azzardate.

Perciò, bisogna anche guardare con diffidenza estrema e con scetticismo profondo a qualunque proposta anche di semplice sorveglianza delle banche da parte dello stato. La sorveglianza non serve a nulla, perché i controllori statali arrivano sempre con la vettura di Negri. L'obbligo di investire un venti per cento (come si dice sia proposto in un disegno di legge) in titoli pubblici è una lustra; perché qual mai banca in Italia, che non fosse un semplice travestimento di lestofanti, non riportò almeno il 20% ai creditori? Ed i titoli di stato, salvo i buoni del tesoro, che è da... augurare lo stato cessi un bel giorno di emettere, non sono indiscutibilmente un pessimo investimento per una banca ordinaria di sconti, la quale deve avere impieghi liquidi, e non immobilizzati in titoli consolidati od a lunga scadenza?

La sorveglianza dello stato sarebbe soltanto un'arma in mano a banchieri furbi e disonesti per accalappiare i depositanti squadernando nei manifesti e negli annunci al pubblico il controllo dello stato e menandone un vanto assordante. Perciò un tempo si abolirono le autorizzazioni governative a creare società e banche private. Lo stato deve dettare norme precise per la pubblicità dei conti e per la responsabilità degli amministratori e dei sindaci; ma non deve assumere alcuna responsabilità né diretta né indiretta nei successi o nelle malefatte delle imprese private. La legge comune, rigidamente osservata: ecco la sola e più efficace sanzione contro gli amministratori incapaci o avventati o infedeli.

14 febbraio 1922

LE RAGIONI DELL'INTERVENTO DELLO STATO

Le manifestazioni pubbliche dei vari interessi in giuoco impongono di ritornare troppo più spesso di quanto sarebbe desiderabile sulla questione della Banca italiana di sconto. Ma una recente lettera, del consorzio dei creditori, la quale sostanzialmente ribatte gli argomenti della stupenda circolare dell'on. Bonomi, tocca argomenti di così vivo interesse pubblico che sarebbe disdicevole non occuparsene.

La richiesta di garanzie – dice la lettera – non viene fatta sotto l'ingiusta pretesa di far contribuire il denaro pubblico alla sistemazione d'un interesse privato, sia pure generale. La funzione speciale avuta (ma voluta anche dal governo) dalla Banca italiana di sconto, e il genere particolare di grossissime immobilizzazioni nelle quali per conseguenza la banca è stata costretta a venirsi a trovare (basta citare l'Ansaldo), impongono al governo l'obbligo di non sottrarsi alle conseguenze delle responsabilità indubbiamente assunte. Saranno perseguitati gli amministratori e senza pietà alcuna, nella doverosa tutela dei diritti dei creditori, perché paghino fino all'ultimo centesimo i danni derivanti dalle loro responsabilità dolose e colpose; ma non sarebbe giusto che il governo, dopo aver favorito per scopi di ritenuto «interesse pubblico» l'imprudente direttiva di azione e di sviluppo della Banca di sconto, pretendesse ora di far sopportare ai soli creditori della banca tutte le perdite derivanti da quella favorita e talvolta richiesta imprudente linea di azione. La sistemazione «Ansaldo» non può e non deve avvenire senza il concorso degli istituti di emissione e in caso contrario non v'è motivo di privilegio perché l'Ansaldo non debba fare la fine della Banca italiana di sconto. Ma prima di essere costretti a sopportare da soli tutte le perdite derivanti dal dissesto, i creditori hanno bene il diritto di pretendere che sieno fatte e rese pubbliche indagini a fondo sulle cause del dissesto stesso e sul come e perché di certe immobilizzazioni con tutte le conseguenze del caso.

Del resto si rileva che la prestazione di una garanzia effettiva da parte degli istituti di emissione non si tradurrebbe in sostanza che nel doveroso concorso nell'opera di smobilizzo delle pesanti attività della Banca italiana di sconto, nell'interesse stesso dell'economia nazionale e per non far subire all'economia stessa più gravi e ben maggiori perdite.

Tale garanzia assicurerebbe la tranquilla esecuzione del concordato, eviterebbe le speculazioni di sciacalli sulle attività della Banca dissestata (che sarebbero prevedibilmente conseguenza di un eventuale fallimento) e, permettendo la graduale realizzazione delle attività della Banca ai giusti valori, contribuirebbe al risanamento ed all'equilibrio della economia nazionale. Per modo che il peso che dovrebbe eventualmente sopportare il pubblico erario dalla prestazione della garanzia (data anche per un motivo di «interesse pubblico») sarebbe certo in ogni caso inferiore e meno grave delle gravissime perdite che senza dubbio necessariamente dovrebbe subire l'economia nazionale nella deprecata ipotesi di eventuale fallimento della Banca italiana di sconto e aziende annesse. Ansaldo compresa.

Sostanzialmente, i creditori della Banca italiana di sconto chiedono che gli istituti di emissione, ossia in principal luogo la Banca d'Italia, prestino la garanzia che dal realizzo delle attività della Banca di sconto si otterrà almeno quella percentuale da essi desiderata, e superiore a quella che risulterebbe dal progetto dei commissari giudiziali. La garanzia dovrebbe essere prestata per tre ordini di ragioni.

Morali, in primo luogo. Non è lecito, si dice, che i creditori della Sconto abbiano a perdere mentre il principale debitore, ossia l'«Ansaldo», vede la sua posizione sistemata, grazie al concorso degli Istituti di emissione. Ignoro quale portata abbia il concorso degli istituti di emissione nella sistemazione dell'«Ansaldo». Suppongo che esso sia avvenuto senza sacrificio dell'erario; ché male si sarebbe altrimenti operato né gioverebbe ripetere il malo esempio. Gli istituti di emissione, esclusa tale ipotesi deprecabile, avranno dato un concorso alla sistemazione dietro solide garanzie. Avranno anticipato 100, dietro garanzia, pegno od ipoteca, su attività del valore di 120 e col vincolo, da parte di amministratori solvibili, di integrare la garanzia nel giorno e nell'eventualità in cui il valore delle attività date in pegno scendesse sotto a 120. Se le cose stanno così – e non so immaginare possano stare altrimenti – non c'è nessuna obbiezione di principio a che altrettanto si faccia con la Banca di sconto. Se questa possiede 2000 o 3000 milioni di attività e se amministratori solvibili garantiscono l'integrazione dei detti valori per il caso in cui dal realizzo non si ricavassero i 2000 o 3000 milioni, la Banca d'Italia può – ove ne abbia i mezzi ed ove all'uopo non si aumenti la circolazione oltre i limiti vigenti – anticipare sino agli otto od ai nove decimi delle anzidette somme, allo scopo di facilitare la sistemazione. Evidentemente, però, non è questo il desiderio dei creditori; ché oggi è difficilissimo calcolare il valore vero di realizzo delle attività, né deve essere facile trovare i garanti di tale valore. I creditori vorrebbero che la Banca d'Italia prestasse essa medesima siffatta garanzia; il che moralmente è ingiustificabile.

Vediamo se sia giustificato economicamente. Sì, – dicono i creditori – perché la Banca d'Italia ha interesse ad impedire la grave jattura che all'economia nazionale deriverebbe da una affrettata liquidazione. Se si sapesse che la Banca d'Italia garantisce il realizzo in 3000 milioni, il prezzo di realizzo delle attività sarebbe migliore. Quando un oggetto viene offerto in vendita, se nessuno offre un prezzo fermo, l'oggetto svilisce e va in mano agli sciacalli per poco o niente. Se invece c'è un garante, tutti vogliono comperarlo.

Il ragionamento corre benissimo; ma fa d'uopo sia fatto, in piena indipendenza, dal direttore generale della Banca d'Italia. Egli deve essere sicuro di non rimetterci nulla nel prestare la sua garanzia. Egli ha il dovere strettissimo di persuadersi che, per quanto male vada la liquidazione, le attività non si liquideranno ad un prezzo minore di quello da lui garantito. Perciò, egli si deve tenere basso nelle valutazioni; ove non voglia, cosa che gli è vietata dal suo ufficio, far correre illecito rischio ai suoi azionisti, ai suoi depositanti, all'erario pubblico. Ai suoi occhi, queste categorie sono sacre, assai più sacre dei creditori di un altro ente, i quali per lui sono terzi, con cui egli deve fare affari buoni e non cattivi.

Ma la Banca d'Italia rappresenta l'interesse nazionale! Entro certi limiti, sì; ma il primissimo modo per una banca d'emissione di tutelare l'interesse nazionale è di non immobilizzarsi, di non correre rischi, di non perdere un soldo. Solo a queste condizioni, essa è in grado di servire il pubblico con sconti e con anticipazioni, ossia di tutelare quel preciso interesse nazionale che le è stato affidato. L'interesse nazionale ha molti aspetti e la tutela di ognuno di essi è affidata ad un ente speciale. Alla Banca d'Italia spetta l'ufficio di provvedere ad una sana circolazione, di scontare carte e titoli di prim'ordine e con assoluta garanzia. Facendo ciò che i creditori della Banca di sconto desiderano, la Banca d'Italia violerebbe i suoi statuti, la legge fondamentale che la creò e porrebbe un precedente pericoloso per l'avvenire.

Ufficio degli istituti di emissione non è di impedire le crisi. Possono prevenirle, alzando in tempo il saggio dello sconto, e rendendo difficile il credito; così ostacolando le eccessive esposizioni industriali. Se, nonostante tutto, la crisi scoppia, è regola pacifica che gli istituti di emissione debbano lasciarla svolgere, con la eliminazione degli organismi guasti. In Italia forse è necessario usare guanti di velluto e non d'acciaio; senza mai perdere di vista tuttavia la premessa di non perdere un soldo del denaro dei proprii azionisti, dei proprii depositanti e dell'erario.

Rimane il terzo argomento, che è di ordine politico.

La Banca di sconto – si osserva – adempì durante la guerra ad un vero ufficio pubblico, di sovventore di imprese belliche, per impulso e quasi ordine del governo. Essa fu condotta ad iniziative imprudenti e ad immobilizzazioni dalla richiesta di uomini di governo. Si faccia luce, con una indagine pubblica, sulle cause degli immobilizzi e si vedrà che il governo non può sottrarsi ad una certa responsabilità e quindi ad un sacrificio.

Queste parole od altre simili sono un solenne e grave monito agli uomini di stato. È possibile che alcuni ministri abbiano parlato in pubblico ed in privato dei compiti patriottici della banca e dell'industria. Queste parole avevano un significato morale, né potevano essere interpretate nel senso preteso dai creditori della Banca di sconto. L'uomo politico ebbe, durante la guerra, il dovere di incitare banchieri, industriali e commercianti a venire in aiuto alla patria. Ma era chiaramente inteso che essi dovevano aiutare il paese a loro rischio. Altrimenti, quale sacrificio avrebbero sopportato e quale sarebbe stato il loro merito? L'uomo politico aveva tanto più questo dovere in quanto che, se banchieri ed industriali e commercianti non avessero ascoltato la sua voce, il nemico avrebbe avuto il sopravvento ed essi avrebbero perso assai più di quanto poterono perdere dopo la vittoria. Ma le parole dei ministri non potevano essere interpretate nel senso che esse legittimassero qualsiasi imprudenza di condotta economica e facessero quasi sperare una sanatoria o garanzia governativa per tale imprudente condotta.

L'esperienza delle richieste odierne dei creditori della Sconto non dovrebbe tuttavia essere dimenticata dagli uomini politici. Senza essere meno entusiasti e meno incitatori, sarà bene che nell'eventualità lontana di una guerra nazionale, gli uomini di governo siano più chiari ed escludano esplicitamente ogni responsabilità pecuniaria dello stato per gli affari conchiusi secondo le pubbliche direttive da essi volute. O meglio, si dica chiaramente quando lo stato si fa garante e quando no. Suppongo, del resto, che anche nella passata guerra, ogni qualvolta lo stato assunse un impegno, questo risulti da documenti scritti. Se il documento esiste, anche se non sia corredato di tutti gli estremi legali, i creditori hanno gran ragione di farlo valere. I magistrati sono lì per rendere giustizia e nel pietoso caso presente la renderanno per fermo con i più larghi criteri di equità. Deve tuttavia trattarsi di precise responsabilità specifiche e non di semplici direttive generiche, doverose per gli uomini pubblici che le espressero e doverose ad osservarsi, a proprio rischio, dai cittadini a cui erano indirizzate.

Ora che siamo in pace ed in tempi normali, i ministri imparino a tenere la lingua a posto. Incoraggino i privati, banchieri, industriali ecc. ecc., a lavorare, a ricostruire; ma sia ben chiaro che si tratta di puri incoraggiamenti morali. Sia chiaro che coloro i quali lodevolmente opereranno nell'interesse dell'economia nazionale potranno ricevere in guiderdone diplomi, croci di cavaliere del lavoro o della corona d'Italia, commende e grandi ufficialati. Ma non il becco di un quattrino; non un soldo d'indennizzo in caso di mala riuscita. Parole incitatrici e feconde sì; denari punti. Sarebbe un delitto contro il paese.

15 febbraio 1922

L'ASSEMBLEA ED IL VOTO DEI CREDITORI DELLA BANCA DI SCONTO

Ieri sera ha avuto luogo in Roma, in una sala della via degli Avignonesi, un'affollata assemblea di creditori della Banca italiana di sconto. Fra i presenti erano numerosi deputati. Il comitato centrale dei creditori era al completo, e presenziavano i rappresentanti dei creditori di tutte le provincie d'Italia.

Il presidente del consorzio dei creditori ha chiarito lo scopo della riunione; quindi l'avv. Ferroni di Bologna ha fatto la storia del dissesto della Banca ed una critica del primo progetto di concordato al quale il consorzio si oppose. Ha illustrato poi il secondo progetto del comm. Gidoni, accettato dai creditori tranne per ciò che si riferisce alle garanzie.

Secondo questo progetto – ha detto l'avv. Ferroni – il nuovo ente doveva garantire con 300 milioni di capitale ben 3 miliardi di passività, cosicché il nuovo ente, anziché accolto con fiducia nell'ambiente finanziario, sarebbe subito stato ben presto screditato dalle banche concorrenti.

Ha infine trattato la questione dei creditori all'estero e ha concluso affermando che il governo non doveva considerare la crisi della Banca di sconto come un affare privato, ma doveva intervenire in un altro modo e dire la parola che togliesse dall'angoscia e dalla trepidazione 500.000 famiglie.

L'avv. Stratta di Vicenza ha completato la relazione dell'avv. Ferroni, sostenendo che gli ex amministratori dovevano essere perseguiti affinché pagassero in ragione della loro responsabilità. Dopo i discorsi dell'on. Pallastrelli, dell'avv. Bonardi di Verona e di altri oratori è stato presentato il seguente ordine del giorno, che è stato approvato per acclamazione:

L'assemblea plenaria delle rappresentanze provinciali e regionali dei creditori della Banca italiana di sconto convenute in Roma il 14 febbraio 1922 con l'intervento di moltissimi creditori, di rappresentanti politici e di delegati del personale della Banca; preso atto dei numerosissimi telegrammi di adesione pervenuti da oltre 200 comitati locali e udite le relazioni fatte dai membri del comitato esecutivo di azione:

1) protesta contro la circolare del presidente del consiglio ai prefetti intesa a deformare gli scopi del legittimo movimento dei creditori, additandolo quasi alla discrezione dell'autorità di polizia malgrado il movimento stesso siasi finora mantenuto nei limiti del libero esercizio dei diritti dei cittadini;

2) sentita l'affermazione diffusa per fuorviare l'opinione pubblica che i creditori pretendano far concorrere i contribuenti nel pagamento delle percentuali loro dovute dalla Banca. Risulta invece che i creditori hanno chiesto e chiedono che il governo agevoli e garantisca nella forma ritenuta possibile, ma doverosa, il pagamento delle percentuali offerte dalle proposte di concordato ai creditori, dando modo nello stesso tempo agli istituti finanziatori di compiere una vantaggiosa operazione garantita dalle innegabili attività oggi non liquide della Banca italiana di sconto e ciò allo scopo di consentire un normale smobilizzo e realizzo delle attività stesse, per evitare ai contribuenti ed ai creditori nazionali, anche all'estero, il maggior danno che deriverebbe da una liquidazione forzata delle attività stesse;

3) sentita l'accusa che l'azione dei creditori del consorzio nazionale abbia ritardato la soluzione della crisi bancaria la quale invece è stata sempre sollecitata dal consorzio immediatamente dopo la moratoria con le maggiori insistenze, ricevendo continui affidamenti dal governo, il quale invece soltanto all'ultimo momento ha ritenuto di dar modo al consorzio di conoscere il testo della proroga governativa del concordato, contro la quale il consorzio in brevissimi giorni si è affrettato a proporre la sua formula di contro-progetto;

4) denunzia all'opinione pubblica ed ai creditori il fatto che fu precisamente il governo a dichiarare in modo espresso di considerare la questione della Banca italiana di sconto come questione di carattere e d'interesse nazionale, tanto da intervenire con dittatori decreti-legge sulla moratoria e sulla procedura eccezionale di concordato;

5) diffida sin da questo momento deputati, senatori e partiti politici dall'abbandonare i creditori della Banca italiana di sconto nell'opera di conciliazione che va svolgendo il consorzio nazionale per la legittima tutela degli interessi dei creditori armonizzati con la doverosa tutela del credito nazionale;

6) riafferma la sua piena fiducia nel consorzio nazionale dei creditori e nel suo comitato esecutivo d'azione, approvando le relazioni sull'opera finora svolta dal comitato e delibera che i comitati d'azione del consorzio costituiti in tutti i comuni del regno si tengano pronti per la raccolta delle firme dei singoli creditori nei fogli di opposizione giudiziale in carta bollata da lire 4,80 da compilarsi secondo la formula di opposizione che sarà immediatamente comunicata dal comitato esecutivo del consorzio nazionale ai singoli comitati locali.

Si annuncia imminente una sentenza di sequestro suppletivo su alcune proprietà private del comm. Giuseppe Da Zara e del comm. Pogliani e degli eredi Baragiola.

I creditori della Banca italiana di sconto protestano dunque contro «l'affermazione diffusa per fuorviare l'opinione pubblica che i creditori pretendano far concorrere i contribuenti nel pagamento delle percentuali loro dovute dalla banca», ed affermano risultare «invece che i creditori hanno chiesto e chiedono che il governo agevoli e garantisca nella forma ritenuta possibile, ma doverosa, il pagamento delle percentuali offerte dalle proposte di concordato ai creditori, dando modo nello stesso tempo agli istituti finanziatori di compiere una vantaggiosa operazione garantita dalle innegabili attività oggi non liquide della Banca italiana di sconto, e ciò allo scopo di consentire un normale smobilizzo e realizzo delle attività stesse, per evitare ai contribuenti ed ai creditori nazionali, anche all'estero, il maggior danno che deriverebbe da una liquidazione forzata delle attività stesse».

Non si comprende davvero la ragione per la quale si smentisca in un primo momento e formalmente ciò che una riga dopo e sostanzialmente si dichiara esattissimo e perfettamente rispondente alle intenzioni dei creditori. Le parole sono chiare; e basta all'uopo interrogare il dizionario dei sinonimi. «Far concorrere i contribuenti nel pagamento delle percentuali dovute dalla banca» (proposizione negata) e «chiedere che il governo agevoli e garantisca nella forma ritenuta possibile, ma doverosa, il pagamento delle percentuali offerte dalle proposte di concordato ai creditori» (proposizione affermata) sono due concetti sinonimi, i quali hanno amendue l'identico preciso significato. Quale portata infatti ha la «garanzia» chiesta al governo? Questa e nient'altro che questa: che se le attività della banca, oggi stimate 100 per pagare la percentuale concordata ai creditori, saranno realizzate solo per 80, la differenza sarà pagata dallo stato, ossia dai contribuenti. Si può fare l'inviluppo di frasi che si crede più opportuno, si può dire che è dovere dello stato tutelare il credito nazionale, si può rimproverare all'on. Bonomi una asserita contraddizione per aver prima tentato di frenare il panico dei depositanti, ossia salvare la Banca e per non voler più oggi dare i denari del pubblico allo stesso scopo. Tutti questi sono rigiri di parole, i quali non mutano un ette al sugo della questione: è vero o non è vero che i creditori chiedono allo stato di garantire il realizzo delle attività della Sconto ad un dato valore? È vero o non è vero che, ciò facendo, lo stato corre il rischio di far pagare la differenza ai contribuenti? Non è certo che tale condotta è inammissibile moralmente, economicamente e politicamente? Garantendo concordati di banche private, lo stato non difende il credito della nazione, ma lo distrugge. Pone un pessimo precedente, in fondo al quale è l'abisso. Chi garantisce una volta, non c'è ragione non garantisca dieci, cento, mille volte, se il garante si chiama «stato» e deve quindi essere imparziale per tutti. Garantir le banche e le imprese private, grossissime e piccolissime, vuol dire spingere alla spensieratezza, allo spreco, alla rovina. Vuol dire anche imporsi il dovere di sorvegliare i garantiti; ossia è sinonimo di stato banchiere, di stato industriale e faccendiere universale. Codesti avvocati e deputati che denunziano governi e diffidano deputati, senatori e partiti politici a non mettersi contro alle loro mostruose pretese, riflettano alla portata dei loro ordini del giorno: coi quali in parole povere si chiede l'instaurazione della peggior forma di socialismo, quello che protegge gli inetti, gli stravaganti, gli avventati. Chi farà le spese di questa caricatura del socialismo?

16 febbraio 1922

PER CHIARIRE I PROPOSITI DEI CREDITORI DELLA SCONTO

Il segretario del «consorzio nazionale dei creditori della Banca italiana di sconto» mi scrive una lettera cortese di cui è doveroso tener conto. Riproduco il brano essenziale:

Vorrei premettere che la voragine che minaccia inghiottire i nostri ben sudati risparmi ha tre origini principali, a parte naturalmente la mala amministrazione. Esse sono:

1) L'annullamento del contratti di fornitura preteso a fine guerra, che lasciò le industrie di guerra senza lavoro e provocò la spesa delle riserve.
2) La confisca dei cosidetti sovraprofitti di guerra.
3) Le alte paghe operaie *et similia* dal governo volute ed imposte mentre la produzione era nulla o quasi.

So che ella ha combattuto queste mostruosità economiche e ne ha previsti i danni. Ma sta di fatto che la Banca italiana di sconto, essendo impegnatissima con le industrie di guerra, ed anzi per questo portata alle stelle dai governi, ha risentito al massimo i provvedimenti statali volti al benessere di tutti.

Essa ha dovuto anticipare, sotto pressione delle autorità sperando salvare il già impegnato, i fondi necessari al governo ed alle industrie, fondi che avrebbero dovuto essere forniti dai contribuenti, nessuno escluso, e non dai soli depositanti della Banca italiana di sconto. Se ora noi chiedessimo agli altri contribuenti di restituirci la somma anticipata per loro conto, dove sarebbe l'assurdo messo avanti dal governo?

Ma noi non abbiamo chiesto nulla di tutto ciò, come il governo sa benissimo. Noi primi, noi soli, i meno colpevoli, abbiamo dichiarato di essere pronti a vincolare, il che significa sacrificare, una parte del nostro avere. Abbiamo lasciato che incaricati del governo svalutassero quanto volevano le attività della Banca (e la prudenza usata, che io non critico, è tale che in altri campi prenderebbe ben altro nome), abbiamo lasciato fissare dagli altri quanto c'è di solido in queste attività, e poi abbiamo offerto queste attività ineccepibili a garanzia di un'anticipazione che ci dovrebbe essere fatta, operazione bancaria comunissima e quasi sempre vantaggiosa per il sovventore. Vorremmo questa anticipazione fosse elevata, per esempio, al 50% delle attività solide, ma crediamo che a questo non corrisponda alcun rischio data l'enorme svalutazione praticata, e, quanto mai, un rischio infinitamente minore di quello che correrebbero gli istituti di emissione qualora la soluzione della crisi fosse più o meno disastrosa. In ogni modo noi non abbiamo messo nessun *aut-aut*: è dall'altra parte che ci è venuto il rifiuto di trattare comunque.

Come tutto ciò venga deformato al punto di far credere che i creditori esigano il rimborso del cento per cento a spese dei contribuenti è cosa che sorpassa la mia facoltà di comprensione.

Non è colpa mia né di altri commentatori se si è potuto credere che i creditori della Banca chiedessero una garanzia dello stato al 100% o in una proporzione inferiore. Una lettera pubblicata da tutti i giornali e riprodotta anche sul «Corriere» del 15 febbraio parlava di «garanzie» chieste agli istituti di emissione ed al governo e cercava di dimostrare che tali garanzie erano legittime e non pericolose. Concludeva anzi la lettera che

il peso che dovrebbe eventualmente sopportare il pubblico erario dalla prestazione della garanzia (data anche per un motivo di interesse pubblico) sarebbe certo in ogni caso inferiore e meno grave delle gravissime perdite che senza dubbio necessariamente dovrebbe subire l'economia nazionale nella deprecata ipotesi di eventuale fallimento della Banca e aziende annesse, Ansaldo compresa.

A ribadire il concetto, l'ordine del giorno votato nella assemblea tenuta dai creditori il 14 febbraio in Roma, pur negando che i creditori volessero «far concorrere i contribuenti nel pagamento delle percentuali dovute dalla Banca», chiedeva esplicitamente che il governo agevoli e «garantisca» il pagamento delle percentuali stesse.

Finora, dunque, i creditori non solo non avevano negato di volere una «garanzia» dello stato; anzi l'avevano esplicitamente richiesta.

Oggi, il segretario del consorzio esclude perentoriamente che i creditori pretendano una garanzia dello stato al 100% e chiarisce che i creditori reclamano soltanto una «anticipazione» del 50% del valore delle attività solide della Banca. In questa materia c'è sempre pericolo di interpretare male le dichiarazioni le quali sembrano chiarissime; ma, se non erro nell'interpretazione, il segretario del consorzio creditori oggi:

a) escluderebbe esplicitamente ogni garanzia dello stato al 100%;

b) escluderebbe implicitamente ogni garanzia statale anche per una percentuale minore. Ciò che invero non si chiede, è implicitamente escluso;

c) consente che persone perite valutino prudenzialmente le attività della Banca. Egli parla, a questo punto, di «incaricati del governo»; ma è chiaro che il governo non può incaricarsi di valutare in nessun modo, anche prudentissimo, nessuna attività di alcuna banca. La valutazione deve essere fatta dagli enti, i quali sarebbero chiamati a dare anticipazioni, col concorso di tutti gli interessati ed in ispecie della commissione giudiziaria;

d) fatta, ad esempio, l'ipotesi che le attività della Banca siano valutate in 3000 milioni, il consorzio dei creditori chiederebbe che gli istituti di emissione facciano sulla garanzia di tutte queste attività, una anticipazione di 1500 milioni ai creditori. Esponendo lo stesso concetto in altre parole, un creditore di 100 lire in primo luogo saprebbe, in seguito a perizia, che le attività «solide» esistenti nel patrimonio della Banca a copertura di tale suo credito ammontano a 70 lire; e, senza pregiudizio veruno del suo diritto a ricevere tutto il ricavato della liquidazione, fino anche al 100% del suo avere, riceverebbe un certificato per tale somma, con cui egli potrebbe ricevere subito una «anticipazione» di 35 lire dagli istituti di emissione. Posso avere interpretato male; ma parmi che tale sia il significato della lettera ricevuta. È un concetto esposto, con altre modalità, degne di discussione, anche da *Argentarius*, noto pseudonimo di un illustre parlamentare, sulla «Nuova antologia» del 16 febbraio. Se lo si attuasse:

1) lo stato non fornirebbe garanzia di sorta alcuna;
2) la liquidazione delle attività della Banca avverrebbe a poco a

poco, senza fretta e con lo scopo di realizzare i migliori prezzi possibili; sino al 100% se ciò è possibile. Non si imporrebbero vincoli di tempo, appunto per realizzare le attività nel modo e nei tempi più opportuni;

3) frattanto, gli istituti di emissione valuterebbero prudenti le attività ed anticiperebbero ai singoli creditori fino al 50% della valutazione così fatta;

4) chiederebbero l'anticipazione solo i creditori che ne avessero bisogno o desiderio;

5) naturalmente, suppongo, l'anticipazione sarebbe fatta con le solite discipline che regolano siffatte operazioni; ossia col pagamento alla banca anticipante dell'interesse del 6%, sulle somme ricevute e con la garanzia del richiedente. I creditori della Banca italiana di sconto, i quali richiedessero l'anticipazione, sarebbero cioè personalmente obbligati, con tutte le loro private attività, a rimborsare agli istituti di emissione la somma ricevuta con gli interessi relativi; salvo ad essi il diritto di essere accreditati di tutto il ricavo della liquidazione delle attività della Banca italiana di sconto.

Se la lettera del segretario del consorzio creditori ha questo significato – e non ne saprei immaginare un altro – essa offre una base ragionevole di discussione fra gli interessati, che sono, ripetasi, i creditori, la commissione giudiziaria e gli istituti di emissione, escluso il governo; ed io sono ben lieto che i miei apprezzamenti abbiano contribuito ad una utile chiarificazione di idee. Se il significato è diverso, sarà bene venga chiarito in modo preciso, tassativo, senza riferimenti storici alle cause del dissesto della Sconto, i quali non contribuiscono concretamente nulla alla soluzione del problema oggi dibattuto.

24 febbraio 1922

I METODI ED IL COSTO DEI SALVATAGGI BANCARI

Alcuni recenti avvenimenti, come l'assemblea generale del Banco di Roma ed il nervosismo delle borse su certi titoli bancari hanno nuovamente attirato l'attenzione del pubblico sulle faccende bancarie del nostro paese. Dopo la chiusura degli sportelli della Banca italiana di sconto (29 dicembre 1921) sembrava si fosse entrati in quel periodo grigio della storia delle banche, che si chiama di liquidazione, perché ha per iscopo di liquidare le perdite del passato e di ridurre al netto quanto ancora rimane di attivo nel patrimonio degli istituti sofferenti. Senonché, la crisi non era finita con la moratoria della Banca di sconto. L'altro giorno, il principe Francesco Boncompagni-Ludovisi ed il comm. V.C. Vitali, presidente l'uno e direttore generale l'altro del Banco di Roma hanno ufficialmente confessato, con parole che più chiare ad essi non era possibile usare, la verità di quanto da tempo si andava dicendo entro e fuori gli ambienti bancari: che cioè anche il Banco di Roma aveva attraversato una grave crisi. Non è vero, dichiarano essi, che il Banco di Roma soffrisse solo per le ripercussioni inevitabili del disastro della Sconto:

> La crisi del dopoguerra e la caduta della Banca di sconto sorpresero il Banco di Roma in condizioni di minorata resistenza, perché l'enorme afflusso di disponibilità, formatosi dal 1918 al 1920 ed i facili successi dell'immediato dopoguerra, avevano spinto l'amministrazione ad una troppo rapida espansione della rete di dipendenze e ad una spiccata tendenza per gli affari speculativi, segni caratteristici di una gestione bancaria alla quale faccia difetto, nel periodo dei successi, la doverosa preoccupazione delle possibilità di crisi. Il numero delle filiali saliva infatti nel detto triennio da settanta a duecento, colle deplorevoli conseguenze dell'affrettata scelta del personale e dei meno perfetti controlli. D'altra parte i capitali venivano destinati con eccessiva confidenza e larghezza alle partecipazioni industriali e ad ogni genere di intraprese, così da

rendere malagevole di curarne scrupolosamente il seguito mediante una esperta organizzazione di sorveglianza.

Non potevasi con parole più appropriate confessare che i dirigenti passati del Banco di Roma persero somme enormi per megalomania e inesperienza bancaria, ossia per gli stessi peccati i quali mandarono a picco la Banca di sconto. La confessione, oramai, può essere fatta dagli uomini nuovi preposti al Banco, perché la perdita è liquidata e rimarginata. Acqua passata non macina più. Gli attuali dirigenti del Banco di Roma, come quelli della Banca nazionale di credito, possono tranquillamente dichiarare i falli del passato ed assicurare azionisti e pubblico intorno alla loro prudenza avvenire.

Sarebbe molto bene che una analoga dichiarazione potesse essere fatta dai dirigenti di altri istituti bancari. Non intendo accennare affatto agli istituti maggiori, bensì a taluno dei minori istituti locali, assaliti anch'essi dalla megalomania della rapida crescita. L'esempio tipico, già arrivato al suo naturale termine, fu quello della Cassa rurale di Bagnolo, piccolo villaggio piemontese, assurto a gran fama per la straordinaria abilità con cui un sacerdote ed un uomo politico seppero accentrare depositi a milioni e disperderli in avventate imprese di commercio di frutta, di grandiosi stabilimenti male ideati e simili allegrie, trascinando nella rovina circa duecento contadini-proprietari, divenuti, senza saperlo, soci a responsabilità illimitata e solidaria della singolare istituzione e ponendo in pericolo tutto un gruppo numeroso di casse rurali cattoliche sparse per il Piemonte.

Sarebbe molto bene che, se vi sono, tra i minori istituti, altri travagliantisi in difficoltà, i dirigenti siano costretti presto a recitare pubblicamente il *mea culpa*. Sarà tanto di guadagnato per la chiarificazione del credito italiano e per la ripresa avvenire.

Liquidare le perdite del passato e ricominciare una via nuova è ottima cosa ed augurabile a tutti coloro che si trovano in simili distrette. Ma, chiedesi sovratutto, come si poté giungere a tanto?

I metodi per giungervi sono molti, e, per semplicità, si possono ridurre a tre tipi principali:

1) il fallimento. Fu, recentemente, il metodo adottato per la piccola Cassa rurale di Bagnolo. L'uomo politico popolare che ne era a capo non riuscì più, in tempi fortunosi per il popolarismo, ad ottenere l'intervento di nessuno e la Cassa dovette fallire. Il fallimento

si potrebbe anche chiamare il metodo classico, il solo metodo risanatore a fondo, il quale non lascia tracce fastidiose dopo di sé. Nei paesi classici delle banche, Inghilterra e Stati uniti, è il solo metodo conosciuto. Il governo sta a vedere, la borsa, dopo aver lasciato cadere i titoli delle banche fallite a zero, se ne lava le mani. Chi ha peccato paga; e chi ha voglia di peccare sa che nessuno gli porgerà la mano per trarlo in salvamento nell'ora del pericolo. Dove questo metodo è adottato, si può credere che le promesse del peccatore di non fallare più siano sincere, ché troppo gli costarono gli sbagli passati;

2) l'intervento di altre banche. Una banca con un capitale proprio di 200 milioni ed una massa di depositi di 1000 milioni, ha perso in speculazioni avventate 500 milioni? ossia tutto il capitale proprio e 300 milioni di depositi altrui? Può darsi che altre banche private, in momenti difficili, abbiano interesse a rilevare la posizione ed a garantire in pieno il rimborso dei depositi, lasciando andare a male solo i 200 milioni proprii degli azionisti. Le banche, quando si decidono a tirar fuori, tutte insieme, 300 milioni lo fanno per ottime ragioni:

– perché temono che, se la banca dissestata chiude gli sportelli, prendano paura anche i depositanti proprii, con danni, per esse medesime, forse più gravi di 300 milioni;

– perché sperano che, tenendo, per qualche anno, a balia gli investimenti avventati, alcuni di questi ridiventino buoni e la perdita, che oggi sarebbe certamente di 300 milioni, si riduce a 150 od a 100.

Nessuna critica può farsi a tale forma di intervento; poiché essa è incerta e subordinata all'interesse delle banche salvatrici e non a quello della banca salvata. Un banchiere non è incoraggiato a malfare dall'esempio dei salvataggi verificatisi in passato, poiché in avvenire essi si ripeteranno solo se e quando ciò convenga alle banche intervenute, quando cioè il momento sia critico per tutti e si debba fare una scelta tra due mali. Su un così fragile fondamento di speranza, nessun banchiere diventa megalomane o si lascia sopraffare, come confessano oggi gli attuali dirigenti essere accaduto in passato pel Banco di Roma, da «intromissioni di partito o da influenze affaristiche»;

3) purtroppo, tale non fu il metodo di salvataggio usato per la Banca di sconto e per il Banco di Roma. Il metodo scelto fu il terzo tipico, ossia il salvataggio coi danari dei contribuenti. Di ciò non ha

colpa l'attuale governo, se non in quella limitata misura in cui può essere rincrescevole dover seguitare a battere una strada aperta dagli antecessori. Questi cominciarono a mandar fuori un regio decreto 12 novembre 1921, il quale disponeva l'accantonamento di una terza parte della tassa straordinaria sulla circolazione degli istituti di emissione per il periodo dal 1° luglio 1921 al 31 dicembre 1923, per essere investita in buoni del tesoro ordinari allo scopo di costituire un fondo di riserva, che al 31 dicembre 1923 doveva essere devoluto al tesoro, a meno che, a causa delle eccezionali condizioni del credito e della economia nazionale, gli istituti non avessero potuto assegnare al capitale versato (per la Banca d'Italia) o al patrimonio (per i due Banchi meridionali) un compenso del 5%. In tal caso dal fondo di riserva doveva essere prelevata una quota atta a colmare, a favore degli istituti, la deficienza. Segue un R. D. 2 gennaio 1923, il quale estende l'accantonamento sino al 31 dicembre 1925 e lo eleva, a partire dal 1° gennaio 1922, ai tre quarti della tassa straordinaria di circolazione. Il fondo però non poteva essere chiamato a coprire perdite degli istituti di emissione se non nel caso che «nessun beneficio» si fosse potuto ripartire al capitale nei quattro esercizi dal 1922 al 1925. Finalmente, l'ultimo decreto 28 settembre 1923 proroga l'accantonamento dei tre quarti al 31 dicembre 1930 e dichiara che il fondo servirà a coprire le perdite dei tre Banchi, purché la Banca d'Italia non distribuisca un dividendo maggiore di 60 lire ed i due Banchi di Napoli e di Sicilia non abbiano un reddito netto superiore al 5% del patrimonio.

Tutto ciò forse non ha un significato chiarissimo ed immediato; e conviene perciò spiegarlo ricordando che lo stato, accordando ai tre Banchi di emissione il privilegio di emettere biglietti – privilegio che scadeva al 31 dicembre 1923 e fu prorogato col decreto del 2 gennaio al 31 dicembre 1925 e col decreto del 28 settembre al 31 dicembre 1930 – accorda qualcosa che ha gran valore. Poter emettere un biglietto da 1000 lire, vuol dire poter stampare un pezzo di carta, che costerà 1 lira o 2 lire, che richiederà qualche altra lira per registrazioni, rinnovazioni ecc. ecc., ma può essere dato a mutuo a chi ne ha bisogno facendosi pagare 50, o 60 lire all'anno di interessi. Lo stato fa benissimo a concedere ai tre Banchi questo privilegio, che se l'usasse lui direttamente, sarebbero guai; ed ha fatto benissimo il De Stefani a prorogarlo prima al 1925 e poi al 1930 perché, in questi tempi di trambusti monetari, non si poteva pensare a mutamenti. Ma lo stato deve farsi pagare il privilegio. Ciò è pacifico e ciò si fa in due modi principali: dividendo la massa dei biglietti emessi in tre parti: l'una per conto dello stato, la quale non ci interessa qui, perché i Banchi non ci lucrano sopra nulla, trattandosi di biglietti consegnati al tesoro; la seconda ordinaria per conto del commercio e la terza straordinaria pure per conto del commercio. All'ingrosso, si può dire che i 9 miliardi di biglietti emessi per conto del commercio si dividono per metà tra la circolazione ordinaria e quella straordinaria. La circolazione ordinaria serve a pagar le spese della gestione bancaria, fra cui vi è il mantenimento di una certa riserva metallica, a sopportare i rischi di perdite, a pagare le imposte e a dare un utile. Se l'utile eccede il 5%, l'erario riscuote prima il terzo, fino al 6%, e poi la metà degli utili stessi. Il sistema è ottimo e non occorre cambiarlo.

La circolazione straordinaria, quasi tutta emessa sotto la pressione della guerra, dà utili straordinari, non necessari ai tre Banchi. Anzi sarebbe dannoso che i tre Banchi ne traessero profitto, perché essi sarebbero incoraggiati ad aumentare la circolazione, a stampare biglietti per imprestarli a chi promettesse di pagare il 6%. Assai saviamente, perciò, il legislatore volle che i Banchi potessero, se lo ritenevano necessario, emettere biglietti in eccedenza alla circolazione ordinaria; ma pagassero una «tassa straordinaria» di circolazione uguale all'intiera ragione dello sconto. Mutuano il biglietto al 6%? Paghino una tassa del 6%. In tal modo gli istituti andranno guardinghi in tali emissioni, perché non ne trarranno alcun utile e dovranno subire tutte le spese ed i rischi dell'operazione. Ed è corretto che l'intiero provento delle operazioni spetti al tesoro, come compenso parziale al danno che le eccessive emissioni di biglietti fanno subire al pubblico sotto forma di aumento di prezzi.

Orbene, il salvataggio della Banca di sconto e quello, annunciato nell'ultima assemblea, del Banco di Roma, furono compiuti colla rinuncia da parte dello stato ad un terzo per i sei mesi dal 1° luglio al 31 dicembre 1921 e ai tre quarti per i nove anni dal 1° gennaio 1922 al 31 dicembre 1930 dell'importo di questa tassa straordinaria di circolazione, di esclusiva spettanza dello stato medesimo. A quanto ammonta il sacrificio?

Dalla relazione del direttore generale della Banca d'Italia per il 1922 risulta che al 31 dicembre 1922 si era già accumulato, con tale rinuncia, un fondo di:

	lire 237.750.000
Calcolando per i restanti 8 anni una cifra media annua di 230 milioni di lire si accantoneranno altre	lire 1.840.000.000
Totale	lire 2.077.750.000

In cifra tonda il salvataggio dei Banchi costerà al contribuente italiano – minor provento per l'erario vuol dire maggiori imposte per i contribuenti – due miliardi e 100 milioni di lire.

Forse la perdita è superiore per circostanze su cui la brevità non consente dilungarci; e forse essa giungerà ai due miliardi e mezzo.

La cifra è grossa. Dopo aver detto che la colpa è sovratutto di governi passati e solo in minor parte, per la logica delle conseguenze, del governo presente, debbo affrettarmi a scagionare anche i ministri passati. Ricordo vivamente i vituperi che mi giunsero d'ogni parte e, come se i vituperi non bastassero, le minacce che mi furono scritte solo perché molto temperatamente e timidamente, osai dire che lo stato doveva lavarsi le mani della faccenda del Banco sconto. Sarebbe ingiusto accusare questo o quel ministro per gli interventi bancari. Questi furono imposti da una opinione pubblica sovraeccitata e persuasa che era dovere dello stato salvare i depositanti delle banche, impedire la rovina del credito, tutelare istituti nazionali contro le mene dello straniero ecc. ecc.

Contro queste ondate sentimentali non potevano resistere i governi. Solo il tempo, l'inesorabile tempo si incarica di mettere in chiaro la verità, ad ammaestramento dei posteri. Il tempo ci ha insegnato:

– che le perdite per speculazioni sbagliate restano perdite, anche dopo gli interventi. Nessuno stato riesce a ridar vita ai miliardi scomparsi. Se lo stato italiano non fosse intervenuto, azionisti, depositanti e creditori avrebbero dovuto, essi, perdere i 2 miliardi e mezzo, od avrebbero dovuto perdere 2 miliardi e mezzo di più di quanto perdettero. Essendo lo stato intervenuto, ciò non accadde; ma siccome il buco c'era, lo tureranno un po' per volta, con le imposte, i contribuenti italiani;

– l'intervento dello stato ha fatto sì che chi ha rotto non ha pagato affatto o non ha pagato se non in piccola parte. Paga un altro, che non c'entrava per niente e cioè il contribuente italiano. Si può immaginare una procedura più pericolosa, più atta ad incoraggiare i banchieri a speculare pazzamente coi danari dei depositanti? Non dico ciò per gli attuali Banchi e neppure per i successori dei due Banchi in passato dissestati o squilibrati. Oggi non sorride a nessuno di ripetere un'esperienza così poco lieta. Ma chi ci può garantire che, in avvenire, in un avvenire che speriamo lontano, un qualche megalomane [non] voglia ripetere l'esperienza della Banca di sconto, sicuro che, al momento critico, un'opinione pubblica male indirizzata costringerà il governo al salvataggio con i danari di tutti e di nessuno?

5 ottobre 1923

IL SALVATAGGIO DELLE BANCHE. LE ANTICIPAZIONI ALLA «SCONTO» E LE PERDITE DELLO STATO

Milano, lì 9 ottobre 1923

Signor direttore,

L'articolo del sen. Einaudi *I metodi e il costo dei salvataggi bancari*, pubblicato nel «Corriere della sera» del 5 corr. mi induce, poiché nessuno tra i miei ex colleghi del consiglio della Banca italiana di sconto ha creduto di rilevarne una gravissima inesattezza, a rompere per una volta quel silenzio che ho rigidamente serbato dopo la caduta di quell'istituto.

Non intendo sollevare discussioni, né certo polemizzare col sen. Einaudi, ma solo mi permetto di rilevare un'affermazione di fatto che, nei riguardi della Banca italiana di sconto, non trova fondamento nella realtà: affermazione che, lasciata passare senza rettifica, potrebbe contribuire ad aggiungere leggenda a leggenda, a confondere il giudizio dell'opinione pubblica, orientandola inesattamente a ritenere sistemate con metodo unico d'intervento statale, come afferma il sen. Einaudi, due complesse situazioni bancarie, che in tempi distinti e da governi ben diversi vennero invece regolate con criteri nettamente antitetici.

Né intendo discutere il concetto dell'intervento statale o la misura di esso che resero possibile la sistemazione del Banco di Roma, in forma tanto piena e precisa che, dopo la sua prima seduta, il nuovo consiglio d'amministrazione ritenne doveroso «manifestare a S.E. Mussolini la sua riconoscenza per l'opera data dal governo fascista alla rinascita del Banco di Roma».

Mediante l'intervento dello stato creditori ed azionisti del Banco di Roma sono tranquilli e sicuri di percepire il cento per cento.

Ben diversa è la verità per quanto concerne la Banca italiana di sconto, nonostante il fatto che al momento della dichiarata moratoria (29 dicembre 1921) le attività della Sconto fossero tali che il governo d'allora, se avesse voluto seguire i criteri adottati dal governo attuale nei riguardi del Banco di Roma, avrebbe potuto tranquillamente sentirsi autorizzato a sistemare in sede interna la Sconto, senza procedere giudizialmente e con ben minori ripercussioni dannose sul credito pubblico, all'interno ed all'estero ed all'economia nazionale.

Di ciò gli ex amministratori daranno a tempo debito la piena e documentata dimostrazione sia in Alta corte di giustizia, sia dinanzi al tribunale di Roma in tema di resa di conto dall'ultimo bilancio approvato (31 dicembre 1920) e di formazione dell'inventario e bilancio d'inizio della liquidazione (che malgrado il lungo tempo trascorso non fu mai fatto!) e ciò secondo le norme della sentenza 9 febbraio 1923 del tribunale di Roma passata in giudicato.

Questo premesso, ciò che più mi preme di rilevare si è che, contrariamente a quanto ne scrisse il sen. Einaudi, nessun salvataggio fu usato, nei riguardi della Banca italiana di sconto, dal governo di allora (anzi: tutt'altro!) e tanto meno quello che il sen. Einaudi chiama «salvataggio coi danari dei contribuenti».

Basti in proposito la parola dell'ex ministro Belotti, il quale a p. 39 del suo opuscolo *La politica economica del ministero Bonomi*, così ne parla:

«Il ministro del tesoro on. Nava fu, come doveva essere, un inesorabile difensore dell'erario e rifiutò anche un solo centesimo. Tutti gli altri membri del governo – nessuno escluso e noi compresi – furono d'accordo con lui. Né poteva essere diversamente».

Né meno esplicitamente l'on. Bonomi, presidente del consiglio, nella sua circolare del 10 febbraio 1922, sempre a proposito della Banca sconto, dichiarava che «lo stato non può e non potrà mai trasferire sui contribuenti italiani le perdite di un'impresa privata. Una siffatta assurda pretesa, qualora fosse accolta – diceva il presidente – susciterebbe i comizi di protesta di tutti i contribuenti italiani».

Conformemente a questo preciso criterio di non intervento statale, il concordato della Banca di sconto venne stabilito sulla base di una percentuale del 62% (oltre il buono di ricupero) il cui pagamento è interamente garantito dalle attività possedute dalla Banca italiana di sconto. Fu solo in causa ed in dipendenza di questa condizione che i commissari stessi fecero pratiche perché gli enti sovventori (vedi sezione autonoma del consorzio sovvenzioni sui valori industriali) avessero a favorire le anticipazioni all'uopo necessarie. Anticipazioni che, come è noto, vennero calcolate in misura non superiore al miliardo (vedi decreto-legge 4 marzo 1922) e per le quali l'erario e quindi il contribuente non si troverà mai esposto a subire alcuna perdita, perché più che esuberantemente garantite dal privilegio di pegno sulle attività della Sconto.

Dov'è dunque il salvataggio coi danari dei contribuenti, se lo stato non ci rimette neppure un centesimo, se i creditori hanno rinunciato ad un buon terzo dei loro averi, gli azionisti hanno perduto tutto il fatto loro e gli ex amministratori sono tuttora perseguitati nell'onore e negli averi da nuove forme di reato e presunzioni di responsabilità, le une e le altre create per la circostanza da speciali decreti-legge?

Il Banco di Roma vive e vivrà, auguriamolo sinceramente sovratutto per il bene dell'economia nazionale, perché il governo dell'on. Mussolini volle e seppe assumersi la responsabilità di farlo vivere: la Banca italiana di sconto, all'incontro, per le direttive seguite dai ministri del tempo non sopravvisse a se stessa, nemmeno nel nome.

Da nessun punto di vista non esiste adunque alcuna analogia tra il salvataggio del Banco di Roma e la caduta della Banca di sconto, che il sen. Einaudi ha creduto di accumulare e parificare nelle sue censure. Questi i fatti che non abbisognano di commenti.

Sen. Lodovico Gavazzi
ex amm. della Banca Ital. di sconto

Che lo stato non debba in definitiva rimettere neppure un centesimo dei denari dei contribuenti, voglio augurarmelo anch'io, insieme col sen. Gavazzi. Sta di fatto però che successivi decreti hanno imposto l'accantonamento di egregie somme di spettanza esclusiva del tesoro, ossia pagate dai contribuenti, che cifre ufficiali hanno constatato in 237 milioni 750.000 lire per il periodo dal 1° luglio 1921 al 31 dicembre 1922, e che si possono calcolare in 230 milioni all'anno per gli otto anni successivi sino al 1930. I decreti medesimi hanno stabilito i termini da cui comincia e a cui finisce l'accantonamento.

Per presunzione legale quelle somme si possono considerare perdute. Se in parte verranno recuperate, tanto meglio. È impossibile ora sapere quanta parte di tali perdite, presunte ora e accertate poi, sarà dovuta al parziale salvataggio della Banca di sconto e quanta a quello, che fu annunziato totale, del Banco di Roma. Il biasimo o la lode, a seconda dei punti di vista, deve essere in rapporto all'ammontare assoluto delle somme perdute. Può darsi che un salvataggio parziale costi di più o di meno d'un salvataggio totale, la cifra della perdita sopportata dallo stato essendo in funzione di elementi vari e ignoti. Certo sarebbe ottima cosa, trattandosi di danaro dei contribuenti, che nei pubblici rendiconti della spesa apparisse con precisione quanta fu la spesa per i vari scopi a cui gli accantonamenti sono destinati, sicché i dirigenti dovessero rispondere soltanto per la quota che ai diversi Banchi singolarmente tocca.

Non perché il sen. Gavazzi l'abbia accennato, ma perché ne parlano parecchi giornali, giova notare che il mio calcolo di 230 milioni all'anno non è stato affatto un arrotondamento dei 237 milioni accantonati per i 18 mesi dal primo luglio 1921 al 31 dicembre 1922, ma è una cifra ottenuta, come si doveva, in maniera completamente indipendente. Per l'esercizio 1923-24 la cifra è ufficialmente calcolata in 221 milioni 250.000 lire nella nota di variazione al bilancio dell'entrata per il 1923-24 (p. 20). In generale, la cifra si deduce moltiplicando i tre quarti del saggio probabile dello sconto per l'ammontare della circolazione straordinaria. Io ho supposto quest'ultima costante, ed era l'ipotesi meno arbitraria che si potesse fare tra le due estreme, dell'aumento di essa e della sua diminuzione a zero. Badisi che si tratta della parte straordinaria della circolazione per conto del commercio, e non di quella per lo stato, la quale sola ha tendenza, per ora, a diminuire.

Quanto all'aggiunta di mezzo miliardo da me fatta e non chiarita, essa è in relazione agli elementi spiegabili di incertezza che ci sono nel valutare legalmente la circolazione «straordinaria». Questa dipende cioè da fattori che in parte sono variabili a volontà del legislatore e del governo. Se si aumentano i limiti della circolazione ordinaria, come in anni passati ripetutamente si fece, diminuisce la circolazione straordinaria, ma probabilmente cresce la perdita dello stato. Se lo stato mantiene, a cagion d'esempio, per un anno, un miliardo di lire di depositi suoi presso gli istituti di emissione, la circolazione straordinaria è pro-tanto ridotta; ma vi sono da conteggiare 50 milioni di lire di perdita per maggiori interessi su un miliardo di buoni del tesoro in circolazione.

Tutti ci rallegreremo nel vedere che nessuna delle ipotesi sfavorevoli si verificherà e avranno, invece, luogo le ipotesi propizie a diminuire le perdite dello stato da due miliardi e mezzo a due o anche a un miliardo solo. Qualunque sia la perdita, questa non è creata, come sembrano dire taluni giornali, dal metodo tenuto nel sanarla. Parrebbe, a sentire certuni, che io abbia voluto il fallimento universale, perché dissi che, fra i tre metodi per liquidare una perdita avvenuta, quello classico è il fallimento.

No. La perdita è quella che è, grossa o piccola a seconda delle circostanze e dei metodi di calcolo. Ma il primo metodo, del fallimento, la riversa sugli amministratori, sugli azionisti e sui depositanti; il secondo metodo, del salvataggio privato, sugli enti affini i quali volontariamente pagano per evitare un danno maggiore; il terzo metodo, del salvataggio pubblico, l'accolla ai contribuenti. Quale dei tre metodi è più dannoso all'economia nazionale?

Evidentemente il terzo, il quale attribuisce la responsabilità del danno già avvenuto agli innocenti e distrugge alla radice un principio fondamentale del progresso economico, per cui chi corre l'alea dei vantaggi deve subire i rischi delle perdite. Guai se l'esempio fruttificasse e gli uomini agissero partendo dal principio che, se le cose vanno bene, i guadagni si incassano, se vanno male, le perdite sono dei contribuenti!

11 ottobre 1923

I NUOVI DECRETI BANCARI

Che l'innesto di una nuova banca – quella Nazionale di credito, nel vecchio tronco della Banca italiana di sconto – fosse una soluzione infelice, era persuasione universale. Il morto soffocava il vivo e gli impediva di sorgere a nuova vita. Una banca la quale nasce col principale scopo di liquidare un'altra banca si trova impacciata nelle sue movenze. La fiducia che è venuta meno nel vecchio istituto, impedisce a nuovi clienti di averne molta nel nuovo.

D'altro canto, anche il vivo dà noia al morto. La nuova banca deve pure cercare qualche ragione di vita; e forse ne trova una nel prolungare le operazioni di liquidazione della vecchia. Gli impiegati, ereditati dalla vecchia, graverebbero troppo sul bilancio della nuova, e quindi può darsi siano in parte caricati su quella morta e cooperino a ridurre l'attivo disponibile per i creditori di questa.

Perciò il decreto il quale riorganizza la liquidazione della Banca italiana di sconto e vuole liberare la Banca nazionale di credito dai vincoli che le sono attualmente imposti, in quanto miri a separare i due enti, è degno di lode. Se ne gioverà la nuova banca, libera di muovere i suoi passi secondo le regole dell'arte bancaria. Se ne gioveranno i creditori della Banca italiana di sconto, i quali avranno più presto quel che è ad essi dovuto.

Forse, per dare un giudizio più compiuto, sarebbe necessario sapere cose che il decreto non narra. Che cosa significano gli accordi con gli istituti sovventori, che sarebbero da prendersi per accelerare la esecuzione del concordato? Vogliono essere nuovi oneri al consorzio sovvenzioni e quindi ai contribuenti; oppure semplicemente l'esecuzione di impegni già assunti? In questo secondo caso, poiché ogni contraente deve osservare gli impegni assunti, lo stato che, attraverso il consorzio sovvenzioni, è il vero contraente, fa benissimo ad eseguire quanto ha promesso. Quanto più rapidamente eseguirà, tanto meglio sarà. Sarà assai bene, tuttavia, anche in questo secondo caso, che si sappia a quanto ammonta il costo della liquidazione per l'erario.

Ancora: risulta, dalla dizione del decreto e più dalla relazione, assai esplicita al riguardo, che al buono di recupero, di valore incerto e condizionato ai risultati della liquidazione, che ora i creditori della Banca italiana di sconto detengono, si dovrà sostituire un pagamento fisso, a finale tacitazione dei creditori stessi.

Se ho capito bene, il ragionamento del decreto è il seguente: «il buono di recupero è la vera pietra d'inciampo alla liquidazione della Sconto. Esso consiste nel diritto del creditore di ricevere qualcosa, oltre il riparto del 62%, qualora la liquidazione desse un attivo superiore al 62%. Ma poiché la liquidazione delle attività della Sconto durerà molti anni, al minimo dieci anni, non sarà possibile prima di allora sapere se il buono di recupero varrà molto, poco o nulla. Frattanto i creditori della Sconto saranno mantenuti in istato di continua speranza ed agitazione. Vi sarà chi, profittando di tale stato d'animo, soffierà sul fuoco e cercherà di organizzare o spingere i creditori contro il consorzio degli enti sovventori, contro il governo per indurli a dare altri acconti oltre il 62%, in attesa della liquidazione finale. Ciò potrebbe essere un grave pericolo per lo stato, il quale corre già una forte alea, perché è tutt'altro che sicuro che la liquidazione dia la somma necessaria a pagare il 62%. Inoltre, finché è pendente il problema del buono di recupero, la nuova Banca nazionale di credito non può cominciare a vivere. Facciamola finita con tutte queste incertezze. Incarichiamo un comitato provvisorio con pieni poteri di prendere in mano il problema nella sua interezza e quindi di fissare anche il valore del buono di recupero. Se i creditori non si acqueteranno, decidano cinque arbitri, due nominati dal comitato stesso, due dai sindaci della Banca sconto e uno dal presidente della corte di appello di Roma».

Se il valore del buono di recupero dovesse essere fissato esclusivamente in relazione alla intrinseca consistenza delle attività da liquidare, non ci sarebbe nulla a ridire al ragionamento dell'odierno decreto. L'intervento dello stato sarebbe stato sempre un precedente pericolosissimo; ma tutto è bene quel che finisce bene, ossia senza perdita. Ma se, come possono far temere il silenzio del decreto ed alcune espressioni della relazione, farà d'uopo alla deficienza del valore intrinseco «supplire col contributo di terzi» fa d'uopo domandare: chi sono questi terzi? Se gli amministratori riconosciuti responsabili della fallita Banca sconto, benissimo. E se non sono questi, se il loro contributo produrrà, come è da temere, somme trascurabili, chi altri potrebbe essere? Forse lo stato? E in tal caso, trattasi della perdita già preventivata in occasione dei decreti del 1921 e 1922 e per cui lo stato assunse eventualmente impegni precisi, che sarebbero da rispettare, o di una nuova perdita? E quale è l'antica perdita, mai fatta sinora conoscere e quale sarebbe la nuova eventualmente ora aggiunta? Il decreto avrebbe, assai opportunamente, dovuto fare obbligo al Comitato provvisorio, nel caso in cui le sue proposte di liquidazione a prezzo fisso del buono di recupero importassero un contributo a carico dello stato o, il che fa lo stesso, del fondo di accantonamento della tassa straordinaria di circolazione, di presentare formale proposta al ministro delle finanze di accollare tale perdita all'erario. Il ministro delle finanze, sotto la sua piena responsabilità avrebbe dovuto dare o negare il suo assenso. Si sarebbe saputo se e quanto costi all'erario il salvataggio. Notizia utilissima a sapersi tanto dagli oppositori al salvataggio medesimo, quanto dai suoi fautori. La conoscenza dei fatti giova sempre, qualunque sia la conclusione alla quale si giunge.

31 ottobre 1923

4.

BANCHE CON AGGETTIVI

BIGLIETTI DI BANCA ED ASSEGNI BANCARI

Il deprezzamento della carta-moneta ha ridato attualità alla propaganda che già prima della guerra erasi iniziata nei paesi del continente per popolarizzare l'uso degli assegni bancari, ad imitazione di quanto si fa in Inghilterra e negli Stati uniti. Si sa che cosa è un assegno bancario o *chèque*: un ordine dato da chi ha somme depositate in conto corrente alla banca depositaria di pagare tutto o parte delle dette somme ad una terza persona. Tizio che ha presso la banca 4000 lire in conto corrente deve pagare 500 lire di fitto al padron di casa? Invece di recarsi alla banca a far coda, prima allo sportello del controllo e poi alla cassa, ritirare il biglietto da 500 lire, portarlo a casa, metterlo in una busta ed inviarlo o consegnarlo, contro ricevuta, al padron di casa, il quale a sua volta dovrà recarsi a far coda alla sua banca a due sportelli per versare le stesse 500 lire nel suo conto corrente, basta staccare un foglio dal libretto degli assegni, scrivervi su l'ordine alla propria banca di pagare le 500 lire al padron di casa, metterlo in una busta e consegnarglielo, senza nemmeno disturbarsi a farsi rilasciare una ricevuta. Il padron di casa a sua volta consegna l'assegno alla sua banca, la quale provvederà ad accreditare di 500 lire il suo conto corrente e lo presenterà nella stanza di compensazione alla banca di Tizio, affinché questa la accrediti di 500 lire, addebitando Tizio di ugual somma. In tal modo il pagamento si effettua senza tirar fuori un centesimo in moneta, senza perdite di tempo, mercé semplici scritturazioni sui libri delle banche.

In Inghilterra e negli Stati uniti il sistema è diffuso per modo che, salvo i salari giornalieri ed i minimi acquisti di pochi soldi, nulla si paga in moneta e tutto per mezzo di assegni: anche il fornaio, il macellaio, il droghiere, il farmacista è lieto di essere pagato in assegni. Nessuno si preoccupa del pericolo di ricevere assegni da chi non possiede nulla alla banca; l'applicazione di pene severissime avendo fatto andar via siffattamente la voglia ai lestofanti di truffare il prossimo, che il rischio di ricevere un assegno a vuoto è assai minore di quello di ricevere un biglietto falso.

Con questa differenza a favore dell'assegno, che è difficile dimostrare di aver ricevuto un biglietto falso precisamente da Tizio mentre l'assegno tirato a vuoto porta la traccia indelebile del mittente, il quale non è liberato dal suo debito, se l'assegno non ha avuto buon fine.

I vantaggi dell'assegno sono del resto svariatissimi a spiegare largamente la progressiva scomparsa dell'uso della moneta presso i popoli più progrediti:

1) Eliminazione di rischi. L'uso degli assegni per i pagamenti rende superfluo il trasportare, portar seco o tenere in casa o in ufficio somme rilevanti, esposte al pericolo di rapine, sottrazioni, smarrimenti, incendi; sopprime altresì il rischio di ricevere biglietti di banca falsificati.

Anche l'assegno può, in verità, essere smarrito o rubato; ed il ladro potrebbe incassarlo alla banca, prima che il possessore abbia potuto dare avviso del furto o della perdita. Già la cosa è più difficile che se si trattasse di biglietti al portatore, occorrendo presentarsi, firmare l'assegno ecc. Ma gli inglesi hanno inventato una variante dell'assegno, che dicesi *crossed bill* od assegno barrato, dal fatto che porta una sbarra trasversale, semplice tratto di linea a penna con l'indicazione di una banca. L'assegno barrato non è pagabile in contanti al creditore, ma unicamente accreditabile presso una banca, nel conto corrente del medesimo. In tal modo il ladro non saprebbe cosa farsi dell'assegno rubato, potendo unicamente essere questo accreditato nel conto corrente non suo ma del legittimo creditore. È il massimo di sicurezza immaginabile.

2) Rapidità delle operazioni. Evita di dover contare e ricontare biglietti e spezzati nei diversi esborsi ed incassi, redigere distinte ecc. Le aziende possono ridurre ai minimi termini (quasi eliminare) i propri servizi di cassa ed i relativi controlli. In certi giorni le banche sono affollate al mattino di commessi e di clienti i quali vanno a ritirar biglietti per fare i pagamenti della giornata. Nel pomeriggio dalle due alla chiusura, i medesimi commessi e clienti ritornano a versare agli stessi sportelli i biglietti prelevati al mattino e passati

soltanto da una ditta all'altra. Non è questa una perdita inutile di tempo e di lavoro?

3) Semplicità dei pagamenti. Chiunque possegga un conto presso una banca può incaricare questa di effettuare, senza alcuna spesa, i propri pagamenti, anche quelli connessi a notevole perdita di tempo; per esempio i pagamenti delle imposte e simili. Può altresì domiciliare le proprie accettazioni cambiarie presso la banca la quale provvederà a suo tempo ad estinguerle, addebitandone l'importo al conto del cliente; e questi avrà così eliminato la presentazione delle cambiali al suo domicilio, come pure il disturbo e la spesa di provvedere al ritiro dagli sportelli delle diverse banche.

In una lettera assennata ai giornali di Roma (vedi «Corriere economico» del 28 giugno) il signor James Aguet propone che il governo italiano dia, ad imitazione di quanto fece assai opportunamente il governo francese durante la guerra, il buon esempio pagando con assegni i prezzi delle forniture, gli interessi dei titoli di debito pubblico, gli stipendi agli impiegati. Così faceva da tempo il governo inglese; così fa la Banca d'Italia per il dividendo dovuto agli azionisti. Le perdite di tempo, le code interminabili, le formalità di riconoscimento sono in Italia snervanti e costose. Coll'invio in busta raccomandata di assegni barrati per i più grossi pagamenti e di assegni della Banca d'Italia per i minuti tutto ciò sarebbe eliminato. Forse bisognerebbe modificare qualche feticcio della legge di contabilità dello stato. Ma non si dica che ciò non si può fare perché vi osta la legge o perché i contabili dello stato debbono avere la dimostrazione documentata dei pagamenti fatti; ché queste sono bazzecole, a cui, volendo, si può provvedere facilmente.

4) Dimostrazione dei pagamenti. I pagamenti e gli incassi eseguiti per mezzo di assegni restano perennemente documentati presso la banca, ciò che ha un grande valore per qualsiasi contestazione che potesse sorgere. Un direttore di banca, fra i più eminenti d'Italia, ha persino fatto stampare sulle lettere con cui egli accompagna gli assegni: non occorre inviarmi la ricevuta del pagamento eseguito mediante l'unito assegno. Ed in verità quella ricevuta è superflua, poiché serve come ricevuta la firma del creditore apposta sull'assegno incassato ed esistente presso la banca.

5) Guadagno d'interessi. L'adozione dei pagamenti mediante assegni riduce al minimo le perdite d'interesse; non occorrendo ritirare in anticipo dalle banche i fondi, che continuano invece a fruttare l'interesse fino al giorno di emissione degli assegni. D'altro canto chi riceve l'assegno in pagamento lo rende immediatamente fruttifero mandandolo alla propria banca per l'accreditamento in conto.

Agli sforzi fatti sul continente per diffondere l'uso degli assegni ha contribuito il desiderio di limitare l'aumento della circolazione di carta-moneta a corso forzoso, e la speranza di frenare così il deprezzamento della carta-moneta e l'ascesa dei cambi. Aveva cominciato l'Havenstein, presidente della *Reichsbank* germanica a raccomandare a tale scopo vivamente, fin da prima del 1914, l'uso degli assegni; e la Banca di Francia nella sua propaganda insiste assai su tale punto.

La semplice sostituzione dell'assegno al biglietto di banca ha in verità la virtù di impedire il deprezzamento della moneta e quindi l'ascesa del cambio? La lira è deprezzata perché la quantità di essa offerta in cambio di altre merci è cresciuta. Ora, che un impiegato offra ogni mese sul mercato le sue 500 lire di stipendio sotto forma di biglietti di banca ovvero sotto forma di assegni tratti sulla banca, non conta. Egli offre sempre 500 lire in cambio di merci. Per ridurre i prezzi delle merci, ossia per apprezzare le lire, farebbe d'uopo che egli potesse offrire solo 300 invece di 500 lire. Il quale effetto non si ottiene con la semplice sostituzione degli assegni ai biglietti; ma sibbene con il risparmio fino all'osso da parte delle persone che possono risparmiare. Questo è il solo mezzo efficace, perché sostanziale, per diminuire i prezzi, diminuendo l'offerta di lire e la richiesta di merci, per fornire allo stato denari a prestito e permettergli di porre tregua alle incessanti emissioni di biglietti che deprezzano ognor più la lira.

Se la diffusione dell'uso degli assegni bancari non scema la necessità del risparmio – che rimane sempre il più urgente dovere del cittadino nel momento presente – essa è però un progresso indiscutibile e grandissimo nei metodi di pagamenti. L'oro e l'argento sono come i carri su vie ordinarie; i biglietti corrispondono ai treni omnibus su vie secondarie; gli assegni o *chèques* ai diretti sulle grandi arterie ferroviarie del paese. Senza dubbio tutto ciò che fa viaggiare più rapidamente giova; e così giova tutto ciò che con minor spesa più rapidamente fa compiere le transazioni ed i passaggi di denaro. Specialmente in tempo di guerra è necessario economizzare tempo, lavoro, evitare rischi e perdite. Perché l'amministrazione pubblica, la quale ogni giorno si sovraccarica di tante cure inutili e cresce sempre più il numero dei suoi impiegati occupatissimi a disturbare il pubblico, non provvede a scemare, con la riforma dei suoi antidiluviani metodi di pagamento, il numero dei suoi contabili cassieri e tesorieri?

3 agosto 1918

LA CIRCOLAZIONE E GLI IMMOBILIZZI BANCARI

Le assai circospette parole dette dal ministro delle finanze nel suo discorso alla Scala intorno al problema della circolazione cartacea sembra possano essere interpretate nel senso che egli intende ridurre la circolazione bancaria per conto dello stato «senza eccessive impazienze» essendo «la rivalutazione monetaria un evento ad un tempo sperabile e temibile», così da conservare la massima «tranquillità» alla nostra valuta.

Che l'economia privata e la finanza dello stato abbiano oggi il massimo interesse alla «tranquillità» dei corsi dei cambi della lira nei confronti colle valute auree, è tesi che troverà consenzienti tutti coloro i quali temono gli scombussolamenti, forse spaventosi, che un'ascesa od una discesa troppo rapide arrecherebbero al bilancio dello stato ed ai bilanci delle imprese economiche. Previsioni d'avvenire, investimenti, occupazione operaia sono fatti inscindibili da una misura fissa dei valori.

Entro quali limiti la «riduzione» della quantità dei biglietti circolanti è compatibile con la «tranquillità» dei cambi? Non mi attento a rispondere, oggi, alla domanda apparentemente semplice ed in realtà complicatissima, perché comincio persino a dubitare che «riduzione» voglia significare «riduzione» o non qualche altro non facilmente afferrabile concetto.

Ecco invero quanto leggesi nella ponderata e, come sempre, istruttiva relazione di Bonaldo Stringher alla assemblea generale degli azionisti della Banca d'Italia:

Per quanto riguarda la circolazione dei biglietti di banca – conseguente alle operazioni proprie degli istituti indipendentemente dalle emissioni fatte per conto dello stato – tra la fine del 1922 e quella del '23 si riscontra una diminuzione di oltre 443 milioni di lire, di fronte a una riduzione complessiva di circa 765 milioni nella circolazione bancaria, compresa quella per le operazioni di stato. Cifra notabile quest'ultima, ma l'importanza della quale si attenua di molto, se non scompare del tutto, quando la si metta a confronto con quella del conto corrente attivo del tesoro presso la Banca d'Italia. Alla chiusura del decorso esercizio, codesto conto ascendeva a circa due miliardi di lire; per cui anche un mutamento parziale di siffatta condizione di cose, per pagamenti dello stato, si risolverebbe, *coeteris paribus*, in un aumento di circolazione dei biglietti di banca. Alla quale evenienza è bene di essere preparati sin d'ora.

Lo Stringher, scrittore meditato e rigoroso, non avrebbe giudicato molto attenuata e forse nulla l'importanza della diminuzione della circolazione avvenuta nello scorso anno e necessario di tenersi preparati ad un aumento, se non fosse invece davvero grande l'importanza di quel conto corrente attivo del tesoro presso la Banca d'Italia, di cui egli cita la cifra imponente. Ho cercato perciò di riassumere in un piccolo quadro le cifre più significative delle situazioni dei banchi di emissione. Per economia di spazio, le cifre intiere sono di miliardi di lire:

Operazioni passive				*Data*	*Operazioni attive*	
Biglietti in circolazione per conto			*Conto corrente del tesoro presso la Banca d'Italia*		*Sconti*	*Anticipazioni*
commercio	*tesoro*	*totale*				
8,6	10,9	19,5	0,3	31-XII-920	4,3	2,8
10,7	8,5	19,2	1,0	31-XII-921	5,2	4,8
9,4	8,3	17,7	2,0	30-IV-922	5,9	4,2
9,9	8,1	18	0,1	30-IX-922	5,9	2,9
9,4	8,0	17,4	0,1	31-I-923	6,0	2,5
9,5	7,8	17,3	2,0	31-XII-923	8,0	3,4
8,6	7,7	16,3	1,9	20-II-924	8,1	2,7

La tabella consente di interpretare le variazioni della circolazione un po' più a fondo di quanto si possa fare guardando soltanto alla circolazione medesima. A primo aspetto, la circolazione è andata, in complesso, diminuendo quasi continuamente dalla fine del 1920 ad oggi da 19,5 a 16,3 miliardi di lire. (Ricordisi di passata che dalle cifre sono esclusi i biglietti di stato, da 5, 10 e ora 25 lire che al 31 dicembre 1920 erano 2268,3 milioni ed al 20 febbraio sono 2427,7 milioni di lire.) Nel totale, rimasero stazionari in 8,6 miliardi i biglietti emessi per conto del commercio e si ridussero da 10,9 a 7,7 quelli emessi per conto del tesoro.

Che cosa dunque tiene in sospeso l'animo del comm. Stringher, sì da fargli avvertire la necessità di «essere preparati sin d'ora ad un aumento della circolazione»? A me pare si possa rispondere, leggendo la tabella come se fosse ripartita in due periodi: il primo che va dalla fine del 1920 al 30 settembre 1922 ed il secondo dalla fine del 1922 ad oggi. Il primo periodo parve a suo tempo chiuso; il secondo è da augurare siasi incamminato sulla china discendente.

Nel primo periodo, che si può chiamare della crisi della Banca sconto, come poterono gli istituti scontare cambiali per somme crescenti da 4,3 a 5,9 miliardi e fare anticipazioni su titoli e merci che da 2,8 andarono fino a 4,8 miliardi, mentre la circolazione scemava da 19,5 a 17,7 miliardi? Dal niente non si crea niente; e per imprestare somme maggiori ai clienti (sconti ed anticipazioni) le banche, che stampavano minor quantità di biglietti, dovevano pur avere qualche altra fonte di entrata. Ce ne erano parecchie, di minor conto, come i depositi privati crescenti. Ma il vero santo protettore fu lo stato, il quale crebbe i suoi depositi in conto corrente nientemeno che da 0,3 a 2 miliardi di lire. Se ho capito bene, lo stato permise alle banche di emissione di aiutare la liquidazione della Banca sconto e nel tempo stesso di fare la bella figura, di ridurre la circolazione totale, depositando ben 2 miliardi di danari suoi in conto corrente ad interesse bassissimo presso la Banca d'Italia. Verso l'autunno, al 30 settembre 1922, la situazione era meno tesa ed il tesoro poteva fare a meno di tenere fondi presso la Banca.

Nel secondo periodo, non ancora chiuso, la vicenda si ripete. Dalla fine di gennaio 1923 al 20 febbraio 1924 la circolazione di biglietti si riduce di più di un miliardo (da 17,4 a 16,3). Ma di nuovo si presenta il quesito curioso: come poterono i banchi, con minor massa di biglietti a loro disposizione, crescere gli sconti di cambiali da 6 a 8,1 miliardi e aumentare le anticipazioni, ad un certo momento, da 2,5 a 3,4 miliardi? Poiché miracoli non se ne possono fare, bisogna trovare anche qui il santo protettore. Di nuovo è lo stato, il quale consente ai banchi di operare il salvataggio del Banco di Roma e di far la bella figura di ridurre la circolazione, tenendo depositati 2 miliardi di danaro suo nelle casse degli istituti di emissione. Alle diverse centinaia di milioni che, sotto forma di rinuncia alla tassa di negoziazione, il tesoro perde per operare il salvataggio bancario, bisogna dunque aggiungere la differenza tra gli interessi al 4,75% che lo stato paga per trovare danari a prestito con buoni del tesoro e il forse 1,50% che lo stato riceverà dalla Banca sui suoi depositi in conto corrente. Se lo stato non tenesse quasi due miliardi di danaro suo depositato presso la Banca d'Italia, questa dovrebbe o ridurre d'altrettanto gli sconti, o aumentare la circolazione. Perciò non ha torto lo Stringher ad essere peritante nel definire come stabile la diminuzione finora verificatasi nella circolazione. Siamo ancora, sotto questo rispetto, in condizioni instabili; e sono perciò salutevoli tutte le provvidenze le quali mirino ad affrettare la liquidazione degli immobilizzi bancari, così da esimere il tesoro dalla necessità di tenere un così vistoso conto corrente pressoché infruttifero presso la Banca d'Italia.

10 aprile 1924

BANCHE CON AGGETTIVI

Esistono talune combinazioni di parole, le quali, appena pronunciate, fanno subito pensare che esse siano state messe insieme per artificio, sicché le parole così combinate si guardino in cagnesco e durino fatica a tollerarsi scambievolmente. Così è della combinazione «banca fascista» che si sentì poco fa pronunciare quasi fosse una innovazione urgentissima nel meccanismo economico e politico esistente oggi in Italia.

Nuova del tutto la combinazione non è, perché sono numerose in Italia le combinazioni aventi suono consimile di «banca cattolica» e non poche le banche le quali, senza portare nel titolo la traccia esteriore della propria fede, sono o furono in mano al partito socialista o ad uomini di questo partito. I socialisti avevano preferito mettere le mani su istituti bancari cooperativi di cui il capitale era prevalentemente fornito dallo stato o da enti semi-pubblici, soggetti alle pressioni statali; ma, talvolta, come a Torino, avevano anche fondato una Cassa di risparmio, alimentata da veri risparmi popolari, in seno alla propria Alleanza cooperativa. Così facendo, avevano imitato le famose cooperative all'ingrosso inglesi e scozzesi, ognuna delle quali ha creato nel proprio seno un fiorente ramo bancario. Ed è vivace negli Stati uniti un movimento popolare il quale sprona gli operai a portare i proprii risparmi esclusivamente a casse create dalle leghe di lavoratori, cosicché i risparmi operai giovino non alle imprese capitalistiche, ma vengano adoperati per facilitare la creazione di cooperative di produzione o per fornire capitale circolante alle cooperative di consumo.

Tutto ciò è perfettamente lecito e può essere vantaggioso. Colui il quale ha una fede deve essere libero di usare tutti i mezzi a sua disposizione per far trionfare i proprii ideali. Se il cattolico vuol giovare a commercianti, ad agricoltori, ad industriali cattolici e non a quelli protestanti od israeliti od agnostici, porti pure i risparmi suoi alla banca cattolica; e così dicasi del socialista o del fascista.

Occorre por mente soltanto a talune condizioni. La prima delle quali si è che i socialisti sono bensì liberi di portare danaro alla banca socialista; e così i cattolici ed i fascisti; ma a nessuno sia lecito di far versare nella propria banca di parte i risparmi «altrui» colla forza della legge o colla prepotenza del governo. Fu un tempo in cui su queste colonne si criticarono i socialisti non perché avessero istituito casse di risparmio in seno alle proprie cooperative, ma perché erano riusciti ad agguantare, per la debolezza dei governi, i risparmi del pubblico generico e, attraverso a sedicenti istituti semipubblici, a farli convergere a favore di proprie imprese buone e cattive. Libero cioè ogni cattolico o socialista o fascista di depositare i proprii risparmi presso la banca del proprio cuore; vietato a tutti di servirsi dell'arma della legge o delle influenze di governo per impadronirsi dei risparmi di coloro che vollero depositare i proprii danari in una banca o cassa senza aggettivo.

Perciò assumo come premessa indiscutibile che la banca fascista, se sarà creata, riceva i depositi volontari dei proprii affiliati; ma non disponga neppure di un centesimo dei miliardi depositati presso le casse postali di risparmio ed amministrati dalla Cassa depositi e prestiti.

Entro questi limiti, il problema della banca fascista ha il valore di uno dei tanti esperimenti che si fecero e si fanno nel campo delle banche di partito. Ho l'impressione che le banche cattoliche o socialiste od operaie le quali non sono fallite o non sono state liquidate siano almeno tanto poche quante in genere sono poche le banche ordinarie «senza aggettivi» le quali sopravvivono nella difficile battaglia per acquistare una clientela attiva e passiva. L'arte bancaria è un'arte difficilissima; e l'aggiunta d'un aggettivo qualunque al titolo è atto, forse, soltanto a crescere difficoltà già per se stesse eccezionali.

Le difficoltà dell'arte bancaria sono eccezionali. Il capo di un'impresa industriale o commerciale la quale ha avuto successo, è, per fermo, senz'altro un uomo di valore. Non si crea e non si fa prosperare un'industria senza conoscere bene materie prime, metodi di lavorazione, mercati, maestranze, senza aver rischiato, lavorato, studiato, maneggiato uomini. Ma il banchiere non deve conoscere soltanto una industria, ma tutte quelle a cui fa fido, non un mercato ma molti mercati, perché da un qualunque punto della terra può venire la bufera che ridurrà od annullerà il valore della carta da lui scontata. Il banchiere deve conoscere non solo i prezzi di una o poche materie prime, di uno o pochi prodotti finiti, l'andamento dei salari in una industria. Tutti i prezzi lo interessano e tutti egli deve seguire; ed in aggiunta egli deve conoscere a fondo la struttura e la consistenza patrimoniale delle imprese a cui affida danari non suoi.

Egli dispone, è vero, oggi di sussidi ignoti ai suoi antecessori. Le grandi banche moderne hanno impiantato uffici studi ed uffici sviluppo, i cui archivi contengono dati preziosissimi, accumulati con pazienza, in seguito a rapporti riservati, su ognuno che possa aver bisogno dell'aiuto della banca. Quale felicità per uno studioso se riuscisse a leggere in questi archivi! Quale ampia messe di notizie ignorate sullo sviluppo economico dei vari paesi! Una banca nuova, la quale sorga oggi, dovrà durare gran pena di anni, forse di decenni per accumulare i tesori di esperienza e di notizie che le banche esistenti hanno messo insieme attraverso ad esperienze fortunate o disastrose. La nuova banca dovrà rifare le stesse esperienze, commettere gli stessi errori, prima di poter guardare con sicurezza l'avvenire. Ma tutto sarà vano – archivi bene ordinati, esperienza accumulata, personale esecutivo scelto attraverso setacci finissimi – se non si possederà il fattore primo di successo di una banca: l'uomo.

«Riceveva i clienti in piedi; li faceva parlare ed in quindici minuti li giudicava. Non accadde mai che si sbagliasse.» Così, pochi giorni or sono, un italiano, che all'estero fa onore al suo paese, mi scolpiva il direttore di una grande banca. E così lessi sempre, quasi con le stesse parole, nei libri di memorie e di ricordi di banchieri. Ufficio del banchiere è invero quello di affidare danari altrui all'uomo capace e probo, il quale sappia farli fruttare a proprio vantaggio ed, al momento stipulato, li restituisca. Solo i fatui possono immaginare che questo sia un compito facile. Nel mondo economico non ne esiste altro più difficile. Tutti credono se stessi capaci; e tanto più ne sono persuasi quanto più farneticano di progetti scombinati, di invenzioni sballate, e quanto minore è la propria capacità direttiva. Tutti dichiarano di essere probi, specialmente quando si è portati a trovare poi pretesti per proclamarsi correttissimi e disgraziati se non si può restituire. Il banchiere invece ha un dovere solo: impiegare in modo sicuro il danaro dei propri fiduciari.

Se egli ha un momento di falsa pietà, se diventa inutilmente ottimista o fiducioso egli è perduto. E cioè sono perduti i danari dei depositanti. Anche un uomo medio, purché sia un uomo fino, attento e conoscitore dei proprii simili, può governare con successo una piccola banca o cassa di provincia. Ma poiché la banca fascista dovrà essere, suppongo, una banca nazionale, non potrà reggersi se non sia governata da alcuni uomini – uno solo non basta nelle grandi organizzazioni bancarie moderne – di primissimo ordine.

In qualunque paese questi uomini sono di una rarità estrema. Fortunate quelle banche le quali riescono ad assicurarsene i servigi!

In una banca di partito, sia cattolica o socialista o fascista, la difficoltà di trovare i proprii governanti cresce oltremisura in confronto alle banche senza aggettivi, per la necessità in cui essi si trovano di non dimenticare l'aggettivo ingombrante che parrebbe condizionare l'attività del loro istituto. Parlo, s'intende, delle grandi banche a carattere nazionale; non dei piccoli istituti, quasi interni, per dar credito a cooperative affiliate alla medesima organizzazione operaia.

Può accadere, nei paesi meno evoluti politicamente e bancariamente che anche le banche senza aggettivi debbano pagar taglia alla politica. Ma trattasi di un ramo inferiore o spurio della propria attività. O trattasi di ottenere sovvenzioni statali alle industrie connesse con la banca o di far star zitti gli importuni i quali minacciano interventi legislativi, o governativi, o giornalistici fastidiosi, c'è all'uopo, suppongo, lo specialista addetto a queste opere di bassa cucina. Tutto ciò non rende, ma costa. Nel capitolo delle spese generali si imposta una somma, la cui erogazione non spetta al banchiere, ma all'esperto assoldato all'uopo. Tutto ciò è deplorevole; ma non tocca l'ufficio essenziale della banca.

La banca con aggettivo, oltre questa percentuale di costo, assimilabile economicamente, sebbene moralmente più bassa, alla percentuale dei fallimenti, deve fronteggiare un altro rischio. Il dirigente deve lottare non solo contro gli uomini non capaci e non probi, desiderosi del danaro dei suoi depositanti, ma contro coloro che, non essendo né capaci né probi, gli chiedono danaro in virtù del proprio aggettivo, perché cattolici, perché socialisti o perché fascisti. Se egli per un istante cede, fatalmente, irrimediabilmente conduce la banca alla rovina. Le cronache dei giornali hanno narrato, anche recentemente, di banche cattoliche rovinate per tal causa. Il dirigente una banca con aggettivo ha dunque il dovere di ripudiare, innanzi ad ogni altra cosa, precisamente l'aggettivo di cui si fregiano gli uomini che lo onorarono della loro fiducia. Anzi questo ripudio deve essere una condizione essenziale della accettazione dell'ufficio da parte sua. Se egli non pone questa premessa preliminare, possiamo essere sicuri che egli è uomo dappoco, immeritevole del posto. Il dirigente deve essere pronto a compiere il suo lavoro di scelta della clientela fra cattolici, fra socialisti, fra fascisti, come se nel suo spirito fosse sempre presente un'altra parola: nonostante. Quando una banca fa credito ai soli cattolici, irresistibile è la tentazione in quelli che han bisogno di credito, di dichiararsi cattolici, anche se la loro fede è scarsa. E poiché chi assume il colore della parte a cui lo attraggono vantaggi materiali non è uomo probo, così il banchiere deve durare l'addizionale fatica di scernere, tra i molti postulanti, i puri, i convinti.

Facendo così, egli espone la sua banca al pericolo di dover lasciare inoperosi i proprii capitali. I puri, i convinti, gli entusiasti di un'idea non si reclutano per lo più tra industriali e commercianti, che, affaccendati nelle loro cose, hanno l'abitudine di non interessarsi troppo della cosa pubblica ed il torto di accodarsi a chi loro promette tranquillità presente. Di qui un'altra difficoltà per il dirigente della banca con aggettivi: quella di preferire tra gli aderenti all'aggettivo, quelli che aderiscono ad esso con indifferenza, così come aderirebbero ad un qualunque altro aggettivo, che promettesse loro sconti più favorevoli di quelli consentiti da altra banca.

Il che si riduce da ultimo a concludere che la banca con aggettivo avrà tanta maggiore probabilità di vita e di successo quanto più l'aggettivo sarà dimenticato ed affatto trascurato dai dirigenti e quanto più grande sarà l'abilità del banchiere nello scegliere, tra i postulanti con o senza aggettivo, solo gli uomini capaci e probi, deliberati a restituire le somme avute in prestanza. Il che si riduce a dire che, qualunque sia il loro nome, di banche buone ve n'è una specie sola e che vano è il tentativo di mutare, cambiandone il nome, la natura di esse.

23 agosto 1924

POSTFAZIONE ALLA PRESENTE EDIZIONE

Luigi Einaudi scrisse questi articoli circa un secolo fa. Costituiscono ancora oggi un modello di educazione economica applicata all'analisi e alla discussione delle vicende dell'economia nel momento in cui esse accadono. Fra i diversi temi sviluppati nei suoi articoli uno è oggi di particolare attualità: il ruolo dell'azione pubblica nelle crisi bancarie. Come e quando è bene – se è bene – intervenire? Nell'arco di tempo coperto dai contributi raccolti in questo volume (1913-1924), Einaudi pose ripetutamente questa domanda, soprattutto in relazione a due episodi che furono negli anni Venti del Novecento da noi al centro dell'attenzione politica ed economica: il dissesto della Banca di sconto nel 1921 e il salvataggio del Banco di Roma due anni dopo.

Le risposte di Einaudi, articolate e chiarissime, ribadiscono in vari modi il principio che la tutela del valore etico ed economico del risparmio impone allo Stato l'obbligo di non «dare alcuna garanzia, neppure morale, a pro di private imprese. Ogni banca, ogni industria, deve correre le alee inerenti alla sua vita. Se lo Stato garantisse le private iniziative contro le perdite, quale spaventevole abisso si spalancherebbe dinanzi al paese!». Ne discenderebbe il venir meno di ogni stimolo a far bene, l'abbandono di quella necessaria prudenza che ogni imprenditore o banchiere adotta quando sa che rischia del suo. Addossare al contribuente le perdite di un dissesto bancario è azione moralmente riprovevole ed economicamente errata. Lo Stato è tenuto sempre a servire gli interessi pubblici, mai quelli privati perché cosi facendo finirebbe per danneggiare lo stesso bene pubblico.

Questo principio di fondo non implica che un istituto di emissione non debba mai intervenire per sostenere una banca in difficoltà. Se essa è in crisi di liquidità ma solvibile, «tutti i pratici e tutti i teorici sono concordi nel canone: dare, dare, dare», perché solo così si può arginare il rischio di una crisi di panico, di una corsa ai depositi che travolge la banca in difficoltà, innescando possibilmente fenomeni di contagio. In questo caso, scrive Einaudi, l'aumento di circolazione monetaria che ne discende è solo temporaneo e quindi non può innescare quell'aumento dei prezzi che costituirebbe altrimenti l'onere posto a carico dei cittadini dall'intervento a favore della banca in crisi.

Pur consapevole delle difficoltà pratiche di determinare tempestivamente e con certezza la natura delle criticità di una banca, Einaudi limita esplicitamente a questo caso l'opportunità di un intervento pubblico. Oggi, con il beneficio della retrospettiva storica, egli appare certamente poco sensibile ai rischi di instabilità finanziaria sistemica; considera «con diffidenza estrema e con scetticismo profondo» una sorveglianza delle banche da parte dello Stato; ritiene che i rischi che esso possa costituire l'anticamera di una assunzione pubblica di responsabilità morale e patrimoniale dell'attività creditizia siano estremamente elevati e in ogni caso maggiori degli scarsi e assai dubitevoli benefici che potrebbero trarsi («come non vedere che la cosiddetta 'sorveglianza' sarà feconda precisamente del male che essa pretende di impedire?»). Ciò non sorprende. Fu infatti solo l'esperienza della Grande Crisi degli anni Trenta e dei fallimenti bancari che ne seguirono a porre le basi per la costruzione dei sistemi di vigilanza delle banche nella loro accezione moderna e per una riconsiderazione dell'opportunità di interventi pubblici in caso di shock che pregiudichino il sistema finanziario nel suo complesso.

Oggi il contesto in cui operano le banche è profondamente mutato. Basti solo rammentare che una crisi di panico non si esprime tanto attraverso le file di clienti ansiosi agli sportelli delle loro banche quanto con il collasso della fiducia nei mercati interbancari fittamente interconnessi su scala mondiale e con il conseguente rapido prosciugamento della liquidità. Con l'uscita dalla "stagflazione" del precedente decennio e l'affermarsi di una crescente fiducia nelle capacità dei mercati finanziari di auto-correggersi, dagli anni Novanta del secolo scorso si era diffusa la percezione di un radicale abbassamento dei rischi di instabilità finanziaria e dei possibili costi ad essa associati. La crisi finanziaria globale ha mostrato traumaticamente che si trattava di un grave errore. Ne è conseguito a livello internazionale un processo di riforma, ancora in corso, delle regole che disciplinano i mercati e gli operatori finanziari e bancari.

In Europa la crisi ha indotto alcuni paesi a intervenire rapidamente e massicciamente per sostenere le loro banche in grave difficoltà, in qualche caso con pregiudizio della sostenibilità dei conti pubblici. Anche per evitare il consolidarsi di tali interventi, il conflitto – insito in ogni legislazione sulle crisi bancarie – fra l'obiettivo della tutela della stabilità finanziaria e quello di contrastare possibili comportamenti opportunistici indotti dall'aspettativa di un intervento pubblico è stato risolto nell'Unione europea dando più peso a quest'ultimo: un orientamento, quindi, in linea con quello espresso così nettamente da Einaudi dalle pagine del «Corriere» un secolo fa.

La Commissione europea ha anzitutto prodotto nel corso del 2013 un'interpretazione restrittiva delle norme sugli aiuti di Stato, fondata sulla condivisione, prima di un eventuale intervento pubblico, delle perdite da parte di azionisti e creditori subordinati (*burden sharing*). Con la direttiva sulla risoluzione delle crisi bancarie, approvata dal Consiglio e dal Parlamento europeo nel 2014 e recepita nell'ordinamento italiano nel novembre del 2015, è stato quindi introdotto a partire dal 2016 un meccanismo di risoluzione delle banche in crisi (*bail-in*) che stabilisce come prerequisito (necessario ancorché non sufficiente) per l'intervento pubblico la partecipazione di altri creditori, con l'esclusione dei titolari di titoli e depositi garantiti (specificamente, i depositi al di sotto di 100.000 euro).

Con queste norme si è deciso di proteggere i contribuenti imponendo un costo diretto ai creditori delle banche in difficoltà, a loro volta risparmiatori e investitori. La posizione critica, chiaramente espressa dalla delegazione italiana nelle discussioni tecniche a livello europeo, non riguardava tanto la *ratio* degli interventi quanto il loro disegno e le modalità di introduzione. Essa si riferiva in particolare: all'applicazione generalizzata dello strumento del *bail-in*, non limitato a titoli di nuova emissione contenenti una espressa clausola contrattuale che prevedesse il potere delle autorità di svalutare o convertire i crediti al ricorrere delle condizioni per l'avvio della risoluzione; all'applicazione invece a strumenti di debito già emessi dalle banche, con differenti condizioni di rischio e collocati in diverse giurisdizioni, tra cui l'Italia, anche al dettaglio; alla definizione di un periodo di transizione non sufficiente perché tutti i soggetti coinvolti potessero acquisire piena consapevolezza del nuovo regime. Come abbiamo purtroppo avuto modo di sperimentare nel caso della risoluzione di quattro banche di dimensioni non grandi lo scorso novembre, ne sarebbero potuti conseguire rischi di liquidità e di instabilità anche rilevanti.

L'obiettivo della stabilità finanziaria e la natura specifica dell'attività bancaria vanno considerati in tutte le loro molteplici interconnessioni. Contrariamente a un'opinione oggi notevolmente diffusa, le banche non sono imprese come le altre; alla base del loro operare vi è la fiducia; se questa viene a mancare anche soltanto per una banca, è l'intero sistema che può essere colpito. L'urgenza di approntare strumenti per contrastare la crisi dei debiti sovrani nell'area dell'euro e la giusta attenzione a evitare non sostenibili innalzamenti dei debiti pubblici può aver determinato nell'ambito del processo di costruzione dell'Unione bancaria una sottovalutazione delle diversità delle condizioni di partenza dei sistemi bancari nazionali. Se, con la normativa approvata, l'intervento pubblico, tranne rarissime eccezioni, innesca automaticamente la risoluzione, si determina una chiara prevalenza dell'obiettivo di tutela della concorrenza su quello della stabilità finanziaria.

L'Unione bancaria è però ancora incompleta. Mancano diversi elementi pure previsti nel suo originario disegno. Il fondo unico di risoluzione è stato costituito ma i contributi versati dalle banche in comparti nazionali saranno messi in comune in tempi lunghi e con un ammontare complessivo che potrebbe rivelarsi insufficiente, oltre che indice di dubbi sulla effettiva utilità di un suo concreto utilizzo. Il sistema unico di garanzia dei depositi è oggetto ancora di molte discussioni e riflette posizioni ancora molto distanti tra i diversi paesi riguardo ai tempi e alle modalità della sua introduzione. Manca la definizione di un sostegno finanziario pubblico europeo, necessario per garantire nell'Unione bancaria la capacità di far fronte a rischi di stabilità sistemica.

Torniamo, per concludere, ai temi affrontati da Einaudi. Una supervisione bancaria dotata di adeguati poteri sanzionatori è essenziale, differentemente da quanto lui riteneva, ma non può prevenire, cosa che invece avrebbe probabilmente condiviso, ogni caso di azzardo morale o di comportamento fraudolento, tanto più durante una così grave e prolungata recessione economica quale quella dalla quale stiamo con difficoltà uscendo solo ora. Dobbiamo ormai essere consapevoli che i mercati non sanno sempre correggersi da soli; al tempo stesso sappiamo che non devono essere imbrigliati con «lacci e lacciuoli», nell'espressione cara a Guido Carli. Dove tracciare il punto di equilibrio non è semplice.

Occorrono regole chiare e imparziali e la capacità di prendere decisioni discrezionali tempestive alla luce delle situazioni concrete. Per le banche ciò implica, in presenza di rischi sistemici, la possibilità di ricorrere a una rete di sicurezza pubblica, nel caso dell'Unione europea anche sovranazionale. Ciò non significa ignorare o, ancor peggio, giustificare comportamenti scorretti e illegali; chi viola la legge deve pagare per le sue responsabilità. Nell'azione di vigilanza l'emersione di fatti illeciti, necessariamente in ambito ispettivo, deve trovare riscontro nella comunicazione tempestiva e completa all'autorità giudiziaria e nell'adozione di provvedimenti volti a salvaguardare la stabilità, oltre che a ridurre i rischi di dissesto, degli intermediari e del sistema.

Le azioni conseguenti, investigative e repressive, devono essere approfondite e anch'esse il più possibile rapide. Le autorizzazioni e i controlli devono tutelare chi investe il risparmio, tenendo conto da un lato dei diversi gradi di conoscenza economica e finanziaria, dall'altro della necessità di garantire la libertà di scelta. La comunicazione e l'approfondimento attraverso i mezzi di informazione devono essere adeguati e corretti. Tutte queste forze devono operare nella tutela del risparmiatore; occorre al tempo stesso impegnarsi sempre più, anche e soprattutto sul piano dell'educazione finanziaria, perché le decisioni di risparmio e di investimento siano prese con consapevolezza, trasparenza e prudenza. Facendo, in questo, tesoro delle lezioni, di magistero e di vita, di Luigi Einaudi.

Ignazio Visco
Governatore della Banca d'Italia

Roma, maggio 2016

APPENDICI

GLOSSARIO

Azione

Vedi *Titolo a reddito variabile*.

Biglietto

– a corso forzoso
Emesso da un istituto di emissione (vedi *Istituto di emissione*); per legge deve essere accettato nei pagamenti. Non è convertibile in oro. Il corso forzoso venne introdotto in Italia con R.d. 1° maggio 1866 n. 2873 ed abolito, per iniziativa del ministro delle Finanze Agostino Magliani, con legge 7 aprile 1881 n. 133.

– di banca
Emesso da una banca che gode di speciale autorizzazione statale.

– di Stato
Introdotto in Italia con la legge 7 aprile 1881 n. 133, che aboliva il corso forzoso e disponeva che i biglietti già consorziali fossero emessi a corso legale. Fu emesso, con R.d. 25 dicembre 1881 n. 553, in pezzi da cinque, dieci e – dopo il 1894 – da venticinque lire. La funzione originaria era quella assolta oggi dalla moneta divisionaria, coniata dalla Zecca di Stato.

Cartella fondiaria

Obbligazione emessa da istituti di diritto pubblico e da banche autorizzate a fronte del credito concesso su garanzia ipotecaria.

Cartello bancario (Consorzio, Sindacato, *Trust*)

Accordo stipulato tra più aziende di credito, con il quale queste ultime si impegnano ad osservare un insieme di condizioni e norme inerenti alle operazioni e ai servizi di banca, principalmente allo scopo di contenere l'azione di concorrenza entro limiti ben definiti. Ovviamente, le condizioni prescritte come limite sono le più favorevoli che sia consentito concedere alla clientela, restando invece in facoltà di ogni singola azienda di applicare caso per caso condizioni meno favorevoli.

Einaudi si riferisce in particolare all'accordo di natura privata firmato nel Gabinetto del ministro del Tesoro F.S. Nitti il 12 agosto 1918. I firmatari furono G. Toeplitz e P. Fenoglio per la Comit, G. Volpi per il gruppo Marsaglia e i fratelli

Perrone per l'Ansaldo s.p.a. Il consorzio, costituito con 50.000 azioni estensibili fino a 130.000, aveva come principali obiettivi quelli di «nazionalizzare» la Comit acquistandone le azioni che ancora si trovavano all'estero e di permettere il «tranquillo funzionamento dell'Istituto» dopo il primo tentativo di scalata.

Cassa di risparmio

Istituto di credito originariamente destinato a favorire la formazione e la raccolta del piccolo risparmio. Per assolvere a questo scopo ricorre ad operazioni simili a quelle degli altri istituti di credito, dai quali tuttavia si distingue per non avere scopo di lucro. I suoi utili, infatti, vanno in parte a costituire il fondo di riserva e in parte sono erogati per scopi di pubblica utilità. Sorte dapprima spontaneamente ad opera, soprattutto, dei monti di pietà, le Casse di risparmio vennero regolate in un secondo momento da apposite leggi dello Stato. La legge 15 luglio 1888 n. 5546 le sottopose ad autorizzazione governativa e stabilì un fondo minimo di dotazione; il t.u. 23 aprile 1929 n. 307 rafforzò l'intervento dell'autorità tutoria e impose la fusione delle Casse di limitata consistenza finanziaria fra loro e con i monti di pietà; con la legge 14 dicembre 1939 n. 1122 venne infine ribadito l'indirizzo di concentrazione degli istituti.

Cassa di risparmio postale

Si tratta dello stesso ufficio postale, autorizzato ad operare, dietro garanzia dello Stato, come succursale di una cassa di risparmio. In tale veste l'ufficio fa capo alla Cassa depositi e prestiti (vedi *Note*, *Cassa depositi e prestiti*).

Il sistema delle casse di risparmio postali, nato in Inghilterra nel 1861, nell'arco di trenta anni si diffuse in tutti i maggiori paesi europei. In Italia venne istituito con legge 27 maggio 1875 n. 2779 e riformato sostanzialmente con legge 8 luglio 1909 n. 445.

Circolazione

– per conto del commercio

Biglietti emessi a fronte delle operazioni proprie delle banche di emissione – sconti, anticipazioni ecc. – a favore delle altre banche e del pubblico.

– per conto dello Stato o Tesoro

Biglietti emessi a fronte di operazioni attive delle banche di emissione – anticipazioni, mutui ecc. – a favore del Tesoro.

La distinzione fra circolazione per conto del commercio e circolazione per conto del Tesoro, sorta a seguito del R.d. 1° maggio 1868 n. 4579 cadde in disuso nel 1928.

Consolidato

Forma di debito pubblico. Il debito pubblico consolidato è distinto in *redimibile* e *irredimibile*.

Il primo comprende i debiti che lo Stato contrae con l'obbligo della restituzione del capitale entro un termine preciso, secondo un piano di ammortamento generale, o speciale, per ciascun prestito. Il secondo, detto *rendita perpetua*, comprende i debiti che lo Stato contrae con il solo obbligo di pagare annualmente gli interessi, senza impegno di restituire il capitale, ma con il diritto di rimborsarlo in qualunque momento lo ritenga conveniente.

CONTRATTO

– *a termine*
Contratto di compravendita di titoli (vedi *Titolo*) o di merci con consegna ad una data prefissata (*termine*) e prezzo stabilito al momento della stipula.

– *di deporto*
Caso particolare del contratto di *riporto*. Consiste nel trasferimento di titoli a pronti per un prezzo determinato e nell'impegno di riacquistare a termine, per un prezzo inferiore, titoli della stessa specie. Viene detto *deporto* anche lo scarto fra il prezzo a pronti e il prezzo a termine che si verifica nelle contrattazioni dei cambi.

– *di riporto*
Contratto unico che si scompone in due compravendite di titoli che si attuano in momenti successivi. Il possessore dei titoli (*riportato*) vende (*dà a riporto*) al compratore (*riportatore*) dietro pagamento in contanti; il riportato si impegna con questo stesso atto a ricomprare a termine, ad un prezzo determinato, titoli della stessa specie.

– *di banca*
Contratto di riporto stipulato tra il possessore di titoli e una banca.

– *di borsa*
Contratto di riporto stipulato tra due operatori di borsa.

DEPORTO

Vedi *Contratto di*.

FEDE DI DEPOSITO

Titolo comprovante il deposito di merci nei Magazzini generali dello Stato, rappresentativo di diritti sulle merci stesse. Usato nel testo come sinonimo di *warrant*.

IMPOSTA SULLA CIRCOLAZIONE

Tassa dovuta dagli istituti di emissione (vedi *Istituto di emissione*) per la circolazione non coperta da riserva, di aliquota variabile per successivi scaglioni di circolazione.

ISTITUTO DI EMISSIONE

Secondo la legge 30 aprile 1874 n. 1920, godevano del diritto di emettere biglietti sei banche delle quali quattro erano società per azioni:
1) Banca nazionale nel Regno d'Italia
2) Banca nazionale toscana

3) Banca toscana di credito per il commercio e le industrie d'Italia
4) Banca romana.

Due erano invece enti morali:
1) Banco di Napoli
2) Banco di Sicilia.

Dopo il fallimento e la liquidazione della Banca romana (vedi *Note*, *Banca romana*) con la legge 10 agosto 1893 n. 449 si ebbe la fusione della Banca nazionale toscana e della Banca toscana di credito con la Banca nazionale nel Regno d'Italia, fusione dalla quale nacque la Banca d'Italia. Il Banco di Napoli e il Banco di Sicilia conservarono il diritto di emissione.

Con il R.d.l. 6 maggio 1926 n. 812, convertito in legge 25 giugno 1926 n. 1262, la Banca d'Italia divenne l'unico istituto di emissione. Con i R.d.l. 12 marzo 1936 n. 376 e R.d.l. 17 luglio 1937 n. 1400 la Banca d'Italia fu trasformata da privata società anonima per azioni in ente di diritto pubblico.

OBBLIGAZIONE

Vedi *Titolo a reddito fisso*.

RIPORTO

Vedi *Contratto di*.

SOCIETÀ

– *cooperativa*

Associazione di persone istituita per la gestione di imprese, che possono operare nel campo della produzione di beni o dei servizi. Nella società cooperativa i soci partecipano alla gestione dell'attività sulla base del loro voto personale e non in base alla quota di capitale versato, come avviene nella società per azioni.

– *in accomandita per azioni*

Risulta dalla fusione di elementi propri della società *in accomandita semplice* e della società *per azioni*. Alla prima si deve, in particolar modo, la distinzione fra soci accomandanti e soci accomandatari. Questi ultimi sono di diritto gli amministratori della società e rispondono illimitatamente dinanzi alla legge per le azioni compiute in tale veste. Dalla seconda sono mutuate quasi tutte le altre norme.

– *in accomandita semplice*

Così denominata per distinguerla dalla società *in accomandita per azioni*, che è a base patrimoniale. Anche nella società in accomandita semplice, come in quella per azioni, soltanto i soci accomandatari rispondono senza limiti per le obbligazioni sociali; i soci accomandanti rispondono limitatamente alle quote conferite.

– *in nome collettivo*

La società *in nome collettivo* si distingue dalle società *in accomandita* per il fatto che in essa tutti i soci rispondono solidalmente e illimitatamente davanti alla legge.

– per azioni
È la forma più generale di associazione di capitali, conferiti in una struttura che si propone scopi imprenditoriali. Il potere di gestione di ogni azionista e la porzione di profitti cui egli ha diritto sono delimitati dalla quota di azioni che possiede. Tutti i soci rispondono limitatamente alle quote conferite.

STANZA DI COMPENSAZIONE

Organismo creato con lo scopo di facilitare la regolazione dei rapporti di debito e credito esistenti fra le banche e derivanti dalla circolazione di assegni bancari emessi dai correntisti.

TITOLO

Genericamente, attività finanziaria negoziabile e trasferibile, rappresentativa di capitale investito in imprese o di prestiti concessi a società per azioni, allo Stato o ad altri enti pubblici.

– a reddito fisso
Titolo che frutta un interesse stabilito al momento dell'emissione e pagabile a scadenza prefissata.
I titoli a reddito fisso sono costituiti da titoli del debito pubblico emessi dallo Stato (BOT, CCT, BPT ecc.) e dalle obbligazioni emesse da enti pubblici e da privati. I titoli a reddito fisso sono un debito contratto dall'emittente (Stato o ente pubblico, società privata, istituto di credito speciale) rimborsabile nel tempo secondo un piano stabilito al momento dell'emissione.
L'emissione delle obbligazioni può avvenire *alla pari*, cioè ad un prezzo uguale al valore nominale, oppure *sopra* o *sotto la pari*.

– a reddito variabile (azione)
Titolo che frutta un utile derivante dalla ripartizione del reddito di esercizio (*dividendo*) che può variare o mancare, in connessione ai risultati di gestione.
Le azioni sono titoli di proprietà, a differenza delle obbligazioni che sono titoli di credito. Danno dunque diritto al voto nelle assemblee ordinarie e straordinarie della società e all'eventuale quota di liquidazione.

VALORE MOBILIARE

Vedi *Titolo*.

WARRANT

Vedi *Fede di deposito*.

NOTE AL TESTO

Alta corte di giustizia

Secondo l'articolo 36 dello Statuto albertino, il Senato aveva facoltà di esercitare funzione giurisdizionale in materia penale. In questa veste assumeva il nome di *Alta corte di giustizia*. L'Alta corte era competente per i crimini di alto tradimento e di attentato alla sicurezza dello Stato, oltre che per i reati commessi dai propri membri o dai ministri.

Banca commerciale italiana (Comit)

Fondata nel 1894 a Milano, in forma di società anonima e con il concorso di capitale tedesco. Fra il 1920 ed il 1921 i fratelli Perrone, già titolari della Banca italiana di sconto (vedi *Banca italiana di sconto*), operarono un tentativo di scalata ai danni della Comit acquistandone un consistente pacchetto azionario. Il direttore della Banca, Giuseppe Toeplitz, riuscì tuttavia ad impedire che tale tentativo andasse in porto riacquistando tutte le azioni dei Perrone attraverso il Consorzio mobiliare finanziario (Comofin), da lui costituito per l'occasione. I fratelli Perrone ottennero un posto nel consiglio di amministrazione della Banca, dal quale però rassegnarono le dimissioni dopo pochi mesi.

Banca d'Italia

Vedi *Glossario*, *Istituto di emissione*.

Banca di Varese di depositi e conti correnti

Fondata nel 1873 in forma di società anonima. All'inizio del 1921 la Banca si trovò sommersa dalle richieste dei depositanti, accorsi in massa agli sportelli perché allarmati dalle voci che volevano l'istituto in difficoltà.

A causa delle ingenti immobilizzazioni che la legavano ad alcune imprese, ed in particolar modo al Cotonificio Introini di Cocquio S. Andrea, da poco fallito, la Banca non poté fare fronte a tutte le richieste. Il 22 febbraio 1921 fu decretato il fallimento della Banca e il giorno seguente il direttore, cavaliere Emilio Guscetti, fu arrestato.

Banca generale

Fondata nel luglio 1871 con un capitale di 30 milioni da un gruppo di banchieri milanesi. Al momento della caduta, avvenuta il 18 gennaio 1894 nell'ambito della crisi bancaria originata dallo scandalo della Banca romana (vedi *Banca romana*), era per importanza il terzo istituto di credito del paese, dopo la Banca nazionale e la Società generale di credito mobiliare italiano (vedi *Società generale di credito mobiliare italiano*).

BANCA ITALIANA DI SCONTO

Fondata a Roma il 30 dicembre 1914, con un capitale di 15 milioni. Alla fine del maggio 1915 assorbì la Società bancaria italiana di Milano e la Società italiana di credito provinciale (ex Banco di Busto Arsizio). Durante la prima guerra mondiale finanziò in prevalenza la Ansaldo s.p.a., l'impresa maggiormente impegnata per la fabbricazione di materiale bellico. Sul finire del 1918 si trovò esposta con pesanti immobilizzi.

Nel 1921, per tentare un salvataggio della Sconto, la Banca d'Italia mise a disposizione 1300 milioni; in seguito, su iniziativa del Ministero dell'industria e commercio, le maggiori banche italiane costituirono un consorzio *ad hoc*, fornendo altri 600 milioni. I depositanti, messi in allarme dalle voci diffuse dalla stampa a proposito delle difficoltà finanziarie in cui versava l'istituto, corsero in massa agli sportelli per ritirare il proprio denaro. Con il R.d.l. 28 dicembre 1921 n. 1861 venne disposta la chiusura degli sportelli e la Banca fu messa in liquidazione.

BANCA NAZIONALE DI CREDITO

Sorse nel 1922 a seguito della crisi della Banca italiana di sconto (vedi *Banca italiana di sconto*), della quale assunse la liquidazione. I creditori della Sconto ne furono i maggiori azionisti. Nel 1925 fu ceduta al gruppo di azionisti che controllava il Credito italiano (vedi *Credito italiano*), istituto nel quale venne incorporata nel marzo 1930.

BANCA NAZIONALE NEL REGNO D'ITALIA

Vedi *Glossario, Istituto di emissione*.

BANCA ROMANA

Istituto di emissione dal 1870. Già precedentemente, però, emetteva biglietti nello Stato pontificio. Nel 1889 un'ispezione predisposta dal ministro dell'Agricoltura, Industria e Commercio, Luigi Miceli, cui spettava la vigilanza sull'istituto, accertò gravi irregolarità nella gestione, commesse con la complicità del Governatore della Banca, Bernardo Tanlongo. Una seconda indagine, ordinata dal presidente del Consiglio dei ministri il 30 dicembre del 1892, confermò irregolarità della circolazione, vuoti di cassa e pessime condizioni del portafoglio.

La legge 10 agosto 1893 n. 449 (vedi *Glossario, Istituto di emissione*) decretava la liquidazione della Banca romana. La liquidazione era assunta dallo Stato, che la delegava alla Banca d'Italia. Solo il 30 ottobre 1894 la liquidazione fu assunta direttamente dalla Banca d'Italia.

BANCO DI NAPOLI

Vedi *Glossario, Istituto di emissione*.

Banco di Roma

Costituito nel 1880 su iniziativa di un gruppo di nobili romani in forma di società anonima. A causa della politica di espansione all'estero, promossa a partire dalla fine della prima guerra mondiale, il Banco si trovò coinvolto in una serie di investimenti e di partecipazioni azionarie di scarsa redditività.

La situazione di grave illiquidità in cui il Banco di Roma venne a trovarsi sul finire del 1922 comportò l'intervento della *Sezione autonoma* del *Consorzio per sovvenzioni su valori industriali* (vedi *Consorzio per sovvenzioni su valori industriali*), che riuscì a fare fronte alla crisi rilevando, tramite la Società finanziaria per l'industria e il commercio, di sua proprietà, tutte le partecipazioni dell'istituto per un valore di oltre 1700 milioni di lire.

Dal 1936 è stata una delle banche di «interesse nazionale» esercenti il credito ordinario. Nel 1992 il Banco di Roma si è fuso con il Banco di Santo Spirito e con la Cassa di risparmio di Roma. Dalla fusione è nata la Banca di Roma.

Banco di Sicilia

Vedi *Glossario, Istituto di emissione.*

Bullion Report

Nel febbraio del 1810 la *House of Commons* nominò il *Select Committee on the High Price of Gold Bullion*, per accertare le cause dell'alto prezzo dei lingotti d'oro ed indagare sul deprezzamento del biglietto della *Bank of England*, che nel 1797 aveva sospeso i pagamenti in moneta metallica.

Il rapporto del *Select Committee*, alla cui elaborazione partecipò anche David Ricardo, fu discusso dalla *House of Commons* l'8 giugno 1810 e pubblicato nell'agosto dello stesso anno. La proposta di maggior rilievo contenuta nel rapporto, inizialmente respinta dal Parlamento e divenuta operativa solo nel 1821, era la rigida regolamentazione dell'emissione e la ripresa della convertibilità.

Cassa depositi e prestiti

Istituto creato nel 1863 a Roma. Adempie di fatto alle funzioni di una grande banca di Stato, provvedendo alla raccolta del piccolo risparmio che affluisce alle casse di risparmio postali (vedi *Glossario*, *Cassa di risparmio postale*). La Cassa depositi e prestiti amministra depositi volontari o obbligatori e vari fondi di previdenza, investendoli in titoli di Stato (vedi *Glossario*, *Titolo*), in anticipazioni ad amministrazioni statali e in mutui a lunga scadenza a province, comuni, consorzi e altri enti per esecuzione di opere pubbliche, municipalizzazione di pubblici servizi, riscatto di debiti onerosi ecc.

La Cassa svolge la sua attività alle dipendenze del ministero del Tesoro, al quale versa parte dei suoi utili, ma ha un bilancio separato da quello dello Stato, sebbene sia sottoposta al controllo della Corte dei conti e di una speciale commissione parlamentare di vigilanza.

Cassa rurale di Bagnolo (Cn)

Istituita in forma di società in nome collettivo per sovvenzionare le piccole aziende ortofrutticole del Cuneese, a partire dal termine del primo conflitto mondiale la Cassa rurale di Bagnolo si espose con forti immobilizzazioni in favore delle nuove distillerie industriali sorte nella zona. Gli investimenti eccessivi e poco remunerativi operati dai dirigenti dell'istituto fecero sì che nel bilancio del 31 dicembre 1922 si registrasse un passivo di oltre 7 milioni di lire. Il 14 maggio 1923 il Tribunale di Saluzzo decretò il fallimento della Cassa di Bagnolo su istanza della Cassa rurale di Andezeno (To), una delle trentadue casse rurali che ad essa facevano capo. Il 24 maggio vennero tratti in arresto, con l'imputazione di bancarotta fraudolenta, i sette membri del consiglio di amministrazione, due impiegati e il direttore, Monsignor Giovanni Battista Cavallotti. L'episodio destò molto scalpore in Piemonte, soprattutto perché i 227 soci della Cassa, in maggioranza agricoltori e piccoli commercianti rurali, erano risultati ignari di dover rispondere legalmente in maniera illimitata della cattiva amministrazione dell'istituto.

Consorzio per sovvenzioni su valori industriali

Istituito con R.d. 20 dicembre 1914 n. 1375 (poi trasformato in legge 7 gennaio 1917 n. 96) allo scopo di agevolare il finanziamento delle industrie collegate con le attività belliche, evitando in tal modo che l'onere del finanziamento ricadesse interamente sul mercato dei valori industriali e sulle banche. Il capitale iniziale fu sottoscritto dagli istituti di emissione allora esistenti (vedi *Glossario*, *Istituto di emissione*), cui si aggiunsero altre aziende di credito.

Le difficoltà in cui versavano le maggiori industrie e il sistema bancario italiano nel primo dopoguerra comportarono una più ampia attività del Consorzio che, creato per fronteggiare le necessità della guerra, fu impegnato al massimo nel garantire il passaggio allo stato di pace.

Il R.d. 4 marzo 1922 n. 233 istituì una *Sezione speciale autonoma* del Consorzio, autorizzata ad intervenire in favore del gruppo Ansaldo e, successivamente, nelle operazioni di liquidazione della Banca italiana di sconto (vedi *Banca italiana di sconto*) e di salvataggio del Banco di Roma (vedi *Banco di Roma*).

Con la legge 6 novembre 1926 n. 1832 la Sezione speciale autonoma fu soppressa e in sua vece fu creato l'*Istituto di liquidazioni*, ente autonomo di diritto pubblico a carattere transitorio, poi assorbito dall'IRI (*Sezione smobilizzi*).

Nel 1939 il Consorzio per sovvenzioni su valori industriali fu trasformato in *Sezione autonoma* dell'IMI.

Credito italiano

Costituito il 29 dicembre 1894 sotto forma di società per azioni, assunse e continuò l'attività della cessata Banca di Genova – fondata nel 1870 – quintuplicandone il capitale con l'intervento, sebbene minoritario, di azionisti tedeschi. Nel 1924 un imprenditore tessile, Riccardo Gualino, appoggiato dal gruppo Agnelli, operò un tentativo di scalata. Il tentativo non andò in porto grazie alla sospensione del diritto di sconto (consentito dall'art. 15 della legge 20 marzo 1913 n. 272) decisa il 14 aprile 1924 dal governo in accordo con Bonaldo Stringher, direttore generale della Banca d'Italia. Nel 1930 si fuse mediante incorporazione con la Banca nazionale di credito (vedi *Banca nazionale di credito*). Dal 1936 è una delle banche di «interesse nazionale» esercenti il credito ordinario in Italia.

Credito mobiliare italiano

Vedi *Società generale di credito mobiliare italiano*.

Crisi edilizia romana

Con la legge 14 maggio 1881 n. 209 lo Stato italiano stanziava un contributo di 50 milioni al Comune di Roma per la costruzione di edifici pubblici e con la legge 8 luglio 1883 n. 1453 concedeva allo stesso Comune un prestito di 150 milioni al tasso del 4%, rimborsabili in 75 anni, da impiegarsi in opere edilizie. Da quel momento in poi Roma divenne il centro della «febbre edilizia» che contagiò i più grandi centri urbani del paese.

Le banche che si esposero maggiormente nei finanziamenti alle imprese edilizie romane furono la Banca tiberina, il Banco sconto e sete e, in misura minore, la Banca di Torino e la Banca subalpina. Ma anche altri istituti di credito, come la Banca generale e il Credito mobiliare, ed alcune banche di emissione (vedi *Glossario*, *Istituto di emissione*), quali la Banca nazionale del Regno d'Italia, la Banca romana (vedi *Banca romana*) e il Banco di Napoli, parteciparono largamente agli affari edilizi mediante sconti ed anticipazioni alle banche e alle società direttamente impegnate. Dopo qualche anno, tuttavia, lo squilibrio fra le esigenze del mercato, ormai saturo, e l'attività delle costruzioni, febbrile e disordinata, provocò una grave crisi del settore.

Fra il 1887 e il 1888 la maggior parte dei cantieri chiuse o ridusse al minimo la propria attività. Le imprese dichiararono fallimento, causando un crollo nelle quotazioni dei titoli delle società e delle banche finanziatrici, che si trovarono esposte con enormi immobilizzazioni. Il governo intervenne una prima volta nell'agosto del 1889 per tentare il salvataggio della Banca tiberina e del Banco sconto e sete con il sussidio della Banca nazionale, autorizzata ad aumentare la propria circolazione di 50 milioni di lire. La Tiberina, tuttavia, non riuscì a salvarsi e fu posta in liquidazione nel 1892. In seguito, anche per il Credito mobiliare e per la Banca generale si rese necessario l'intervento statale, che pure in questo caso non fu sufficiente ad evitare il fallimento (vedi *Società generale di credito mobiliare italiano* e *Banca generale*).

Monopolio delle assicurazioni

Con la legge 4 aprile 1912 n. 305 veniva creato l'Istituto nazionale delle assicurazioni (INA), al quale si affidava il monopolio delle assicurazioni sulla vita. Con il R.d. 29 aprile 1923 n. 966 l'INA perse la posizione di monopolio, continuando tuttavia ad occupare sul mercato italiano delle assicurazioni una posizione affatto particolare, sia per la sua natura di ente pubblico, sia per la garanzia statale accordata alle sue polizze.

Società generale di credito mobiliare italiano

Fondata il 1° giugno 1863 con un capitale versato di 50 milioni e la partecipazione dei fratelli Pereire, già titolari della omonima banca francese (*Société génerale du crédit mobilier*), della quale costituiva la diretta filiazione. In breve divenne il maggiore istituto di credito del paese, dopo la Banca nazionale nel Regno d'Italia (vedi *Glossario*, *Istituto di emissione*). Nel 1892 i cattivi investimenti realizzati portarono l'istituto sull'orlo della crisi. Il tentativo di salvarsi facendo incetta di depositi e ricorrendo al credito estero non fece che accelerare il fallimento. Quando le azioni della Società ribassarono i depositanti ritirarono frettolosamente il proprio denaro e le banche straniere chiusero i fidi. Il 30 novembre 1893 i dirigenti della Società decisero la chiusura degli sportelli e inoltrarono al tribunale una domanda di moratoria. Pochi mesi dopo la banca fu posta in liquidazione (vedi anche *Crisi edilizia romana*).

MINISTRI RESPONSABILI DEI DICASTERI ECONOMICI DAL 1913 AL 1924

ecorrenza	Presidente del Consiglio	Ministro del Tesoro	Ministro delle Finanze	Ministro di Agricoltura [Industria e Commercio]	Ministro di Industria e Commercio[1]	Ministro delle Poste e dei Telegrafi
).03.1911	G. Giolitti	F. Tedesco	L. Facta	F.S. Nitti	–	T. Calissano[2] F. Tedesco[3] G. Colosimo
.03.1914	A. Salandra	G. Rubini	L. Rava	G. Cavasola	–	V. Riccio
.11.1914	A. Salandra	P. Carcano	E. Danco	G. Cavasola	–	V. Riccio
3.06.1916	P. Boselli	P. Carcano	F. Meda	G. De Nava	–	L. Fera
.10.1917	V.E. Orlando	F.S. Nitti B. Stringher[4]	F. Meda	G. Miliani V. Riccio	A. Ciuffelli	L. Fera
.06.1919	F.S. Nitti	C. Schanzer L. Luzzatti[5]	F. Tedesco C. Schanzer[5]	A. Visocchi A. Falcioni	D. Ferraris	P. Chimienti G. Alessio[5]
.05.1920	F.S. Nitti	C. Schanzer	G. De Nava	G. Micheli	M. Abbiate G. De Nava	G. Paratore
.06.1920	G. Giolitti	F. Meda I. Bonomi[6]	F. Tedesco L. Facta[7]	G. Micheli	G. Alessio	R.P. Vassalli
.07.1921	I. Bonomi	G. De Nava	M. Soleri	A. Mauri	B. Belotti	V. Giuffrida
.02.1922	L. Facta	C. Peano	G.B. Bertone	G. Bertini	T. Rossi	G.A. Colonna di Cesarò L. Fulci
.08.1922	L. Facta	G. Paratore	G.B. Bertone	G. Bertini	T. Rossi	L. Fulci
.10.1922	B. Mussolini	V. Tangorra A. De Stefani[8]	A. De Stefani	G. De Capitani D'Arzago	T. Rossi M.O. Corbino C. Nava	G.A. Colonna di Cesarò C. Ciano[9]

[1] Il ministero dell'Industria e del Commercio fu separato da quello dell'Agricoltura nel 1917.

[2] Deceduto il 21 settembre 1913.

[3] *Ad interim* dal 28 settembre al 24 novembre 1913.

[4] Dal 18 gennaio 1919.

[5] Dal 14 marzo 1920.

[6] Dal 2 aprile 1921.

[7] Dal 10 agosto 1920.

[8] *Ad interim* dal 21 al 31 dicembre 1922, quando i due ministeri sono unificati.

[9] Dal 5 febbraio 1924.

INDICE DELLE OPERE, DELLE LEGGI E DEI DOCUMENTI CITATI DA LUIGI EINAUDI

* I documenti originali relativi alla caduta della Banca italiana di sconto sono custoditi a Roma, Archivio del Senato della Repubblica, Alta Corte 234, Carte del processo agli amministratori della Banca italiana di sconto, Cartelle da 1 a 56 bis. Altri documenti (lettere, note, memorie e relazioni) riguardanti il fallimento della Sconto si trovano a Roma, Archivio centrale dello Stato, Presidenza del Consiglio dei ministri, 1922, fascicolo 6/1-1.

J. AGUET, *Lo chèque barré (crossed check) quale mezzo di [sic] diminuire la circolazione del biglietto di banca. Lettera aperta alle LL. EE. i Ministri delle Finanze e Tesoro*, «Corriere economico», 20 giugno 1918, pp. 368-369. [Einaudi indica la data del 28 giugno].

ARGENTARIUS, *Problemi del giorno: la crisi della Banca italiana di Sconto*, «Nuova antologia», 26 febbraio 1922, pp. 380-387.

Assemblea (L') generale del Banco di Roma, «Corriere della sera», 2 ottobre 1923, p. 7. [Comunicato della presidenza della banca].

BANCA D'ITALIA, *Relazione del Direttore alle adunanze generali straordinaria e ordinaria degli azionisti*, tenute in Roma il giorno 28 marzo 1924, Roma Tip. della Banca d'Italia.

B. BELOTTI, *La politica economica del ministero Bonomi (luglio 1921-febbraio 1922)*, Milano, «Unitas», 1923.

G. CACOPARDO, *Relazione a S. E. il Ministro Calissano sui benefici effetti della legge 8 luglio 1909 n. 445 che ha elevato a L. 4000 il limite dei depositi a risparmio. Nuove proposte per una maggiore espansione del risparmio postale*, Roma, Tip. Operaia Romana Cooperativa, 1912.

Chi vendé e chi comprò?, «Il Giornale d'Italia», 12 febbraio 1922, p. 2. [Domande e supposizioni sulle responsabilità della crisi della Banca italiana di sconto].

* *Consorzio (Il) dei creditori. La richiesta di garanzie. La pubblicazione del concordato. Mancano elementi di fatto*, «Il Giornale d'Italia», 12 febbraio 1922, p. 2. [Testo della lettera inviata dal consorzio dei creditori della Banca italiana di sconto al presidente del Consiglio I. Bonomi].

CREDITO ITALIANO, *Notizie statistiche, Società italiane per azioni*, Roma, Associazione Società Italiane per Azioni, 1912. [Einaudi, riferendosi a questa stessa opera, riporta il titolo: «Annuario di notizie statistiche sulle principali società italiane per azioni»].

Crisi (La) della Banca italiana di sconto. Una circolare dell'on. Bonomi ai Prefet-

ti, «Il Sole», 12 febbraio 1922, p. 1. [Testo integrale della circolare. Il testo originale della circolare, che si trovava a Roma, Archivio centrale dello Stato, Presidenza del Consiglio dei ministri, 1922, fascicolo 6/1-1, protocollo 19, è andato perduto].

* *Crisi (La) della Banca di sconto. Il comizio dei creditori*, «Economista d'Italia», 15 febbraio 1922, p. 1. [Testo integrale dell'ordine del giorno votato dall'assemblea].

A. DE STEFANI, *Il bilancio finanziario dell'Italia*, Discorso pronunciato al Teatro alla Scala di Milano il 30 marzo 1924, Roma, Libr. d. Stato (Stab. pol. d. Stato), 1924.

Decreto luogotenenziale 24 marzo 1918 n. 382 *che, per la durata della guerra e sino a sei mesi dopo la pace, sottopone all'approvazione governativa le deliberazioni delle società commerciali, per azioni relative ad aumento di capitale.*

Decreto ministeriale 23 dicembre 1921 *che fino a contraria disposizione limita al solo contante le negoziazioni nelle borse di commercio del Regno*. [Abrogato con Decreto ministeriale 15 giugno 1922].

Disegno di legge: *Provvedimenti per l'esercizio delle assicurazioni sulla durata della vita umana da parte di un Istituto nazionale di assicurazioni*, presentato dal ministro di Agricoltura, Industria e Commercio F.S. Nitti, Raccolta degli Atti stampati per ordine della Camera, Camera dei Deputati, Legislatura XXIII, Sessione unica 1909-1913, Documenti, disegni di legge e relazioni, vol. XIX, tornata del 3 giugno 1911, stampato n. 881. Poi trasformato in legge 4 aprile 1912 n. 305.

Disegno di legge (discussione di): *Provvedimenti per l'esercizio delle assicurazioni sulla durata della vita umana da parte di un Istituto nazionale di assicurazioni*, Atti del Parlamento italiano, Camera dei Deputati, Legislatura XXIII, Sessione 1909-1911, Discussioni, 2ª tornata dell'8 luglio 1911, oratore: G. Giolitti (presidente del Consiglio dei ministri), pp. 16973-80; tornata del 27 febbraio 1912, oratore: G. Giolitti (presidente del Consiglio dei ministri), p. 17289; tornata del 1° marzo 1912, oratore: G. Giolitti (presidente del Consiglio dei ministri) p. 17466.

Disegno di legge: *Ordinamento delle Borse di commercio e della mediazione e tasse sui contratti di Borsa*, presentato dal ministro di Agricoltura, Industria e Commercio F. Cocco-Ortu e dal ministro delle Finanze P. Lacava, Raccolta degli Atti stampati per ordine della Camera, Camera dei Deputati, Legislatura XXIII, Sessione unica 1909-1913, Documenti, disegni di legge e relazioni, vol. V, tornata del 5 giugno 1909, stampato n. 168.

Disegno di legge: *Riordinamento dei servizi del Ministero di agricoltura, industria e commercio*, presentato dal ministro di Agricoltura, Industria e Commercio F.S. Nitti, Raccolta degli Atti stampati per ordine della Camera, Camera dei Deputati, Legislatura XXIII, Sessione unica 1909-1913, Documenti, disegni di legge e relazioni, vol. XXXI, tornata del 19 febbraio 1913, stampato n. 1318.

Disegno di legge (autorizzazione della presentazione): *Regolamentazione della iscrizione dei salariati delle province, dei comuni e delle istituzioni pubbliche di beneficenza alla Cassa nazionale di previdenza*, Roma, Archivio centrale dello Stato, Consiglio dei ministri, Verbali manoscritti delle adunanze, vol. 10, seduta del 21 febbraio 1913, p. 64 *verso*.

Disegno di legge (approvazione dello schema): *Elevazione a L. 6000 del limite dei depositi fruttiferi a risparmio nelle Casse postali del Regno*, Roma, Archivio centrale dello Stato, Consiglio dei ministri, Verbali manoscritti delle adunanze, vol. 10, seduta del 3 aprile 1913, p. 71 *verso*. [Einaudi indica la data del 6 aprile].

Disegno di legge (approvazione di massima, salvo ulteriore esame delle disposizioni): *Istituzione di un servizio di conti correnti e di assegni postali (chèques)*, Roma, Archivio centrale dello Stato, Consiglio dei ministri, Verbali manoscritti delle adunanze, vol. 10, seduta del 30 aprile 1913, p. 75 *verso*.

Disegno di legge: *Istituzione di un servizio di conti correnti e di assegni postali (chèques)*, presentato dal ministro delle Poste e dei Telegrafi T. Calissano, Raccolta degli Atti stampati per ordine della Camera, Camera dei Deputati, Legislatura XXIII, Sessione unica 1909-1913, Documenti, disegni di legge e relazioni, tornata del 7 giugno 1913, stampato n. 1446.

Disegno di legge: *Conversione in nominativi dei titoli al portatore emessi dallo Stato, dalle provincie, dai comuni, dalle società per azioni e da qualsiasi altro ente*, presentato dal ministro delle Finanze F. Tedesco, Raccolta degli Atti stampati per ordine della Camera, Camera dei Deputati, Legislatura XXV, Sessione unica 1919-1921, Documenti, disegni di legge e relazioni, tornata del 24 giugno 1920, stampato n. 547. Poi legge 24 settembre 1920 n. 1297.

Disegno di legge (discussione di): *Proroga dell'esercizio provvisorio degli stati di previsione dell'entrata e della spesa per l'anno finanziario 1921-1922 fino a quando non siano approvati per legge*, Atti parlamentari della Camera dei Senatori, Discussioni, Legislatura XXVI, Sessione 1921-1922, vol. II, tornata del 29 dicembre 1921. Oratore: L. Luzzatti, p. 1427. [L'intervento di Luzzatti riguarda in particolare la crisi della Banca italiana di sconto].

Disegno di legge (discussione di): *Proroga dell'esercizio provvisorio degli stati di previsione dell'entrata e della spesa per l'anno finanziario 1921-1922 fino a quando non siano approvati per legge*, Atti parlamentari della Camera dei Senatori, Discussioni, Legislatura XXVI, Sessione 1921-1922, vol. II, tornata del 30 dicembre 1921. Oratori: B. Belotti (ministro dell'Industria e del Commercio), pp. 1475-1478; I. Bonomi (presidente del Consiglio dei ministri), pp. 1492-1496. [Interventi di Belotti e di Bonomi relativi al ripristino della moratoria a favore della Banca italiana di sconto, decretato il giorno 28 dicembre].

J. Dupuit, *De l'utilité et de sa mesure. Ecrits choisis et republiés par Mario de Bernardi*, Torino, ed. «La riforma sociale», 1933 («Collezione di scritti inediti e rari di economisti diretta da Luigi Einaudi»).

L. Einaudi, *Ancora intorno ai titoli nominativi e al portatore*, «Rivista delle società commerciali», gennaio 1914, pp. 11-20. Anche in estratto: Roma, A.P.I., 1914.

Id., *Azioni nominative e azioni al portatore... nel quale si ripetono le cose già dette*, «Rivista delle società commerciali», febbraio 1917, pp. 57-68. Anche in estratto: Roma, Officina tip. Bodoni, 1917.

Id., *Emissioni di titoli e controllo governativo*, «Corriere della sera», 7 luglio 1917, p. 2. Ristampato nel 1961 in *Cronache economiche e politiche di un trentennio (1893-1925)*, Torino, Einaudi, 1959-1965, vol. IV, pp. 557-561.

Id., *Il monopolio dei cambi e le condizioni del suo successo*, «Corriere della sera», 15 dicembre 1917, pp. 1-2. Ristampato nel 1961 col titolo *Il problema del cambio*, VIII, in *Cronache economiche e politiche di un trentennio (1893-1925)*, Torino, Einaudi, 1959-1965, vol. V, pp. 200-204. Ora in L. *Einaudi, Il mestiere della moneta*, Torino, Utet Libreria-Edizioni di Banche e Banchieri, 1990, pp. 83-88.

ID., *L'educazione degli azionisti*, «Corriere della sera», 15 dicembre 1921, pp. 1-2.

A. GEISSER, *Le nuove «provvidenze» del Ministero d'agricoltura per le società per azioni e cooperative e per la «tutela dei risparmi»*, «La riforma sociale», maggio 1913, pp. 353-385.

V. GIUFFRIDA, *Notizie statistiche sul risparmio in Italia negli anni 1911-1912*, Parte I: *Casse di risparmio e Monti di pietà*, Parte II: *Società ordinarie e cooperative di credito*, «Annali del credito e della previdenza», Ministero di agricoltura, industria e commercio, Direzione generale del credito e della previdenza, Roma, Tip. G. Bertero, 1913.

Istanza a sensi dell'art. 57 dello Statuto fondamentale del Regno d'Italia, presentata il giorno 5 maggio 1920 alla On. Camera dei Deputati dal cittadino Turletti Umberto di professione avvocato, residente in Torino, Roma, Archivio storico della Camera dei Deputati, Petizioni, busta 83, fascicolo 7248.

Legge 27 maggio 1875 n. 2779 *per la istituzione delle casse di risparmio postali e per modificazioni alla legge 17 maggio 1863 sulla Cassa depositi e prestiti.*

Legge 8 luglio 1909 n. 445 *che apporta modificazioni alla legge 27 maggio 1875 n. 2779 sulle casse postali di risparmio.*

Legge 29 dicembre 1912 n. 1346 *portante: proroga del corso dei biglietti di banca – modificazioni agli articoli 21 e 25 della legge sugli istituti di emissione – disposizioni per il fondo di esercizio delle filiali del Banco di Sicilia in Tripolitania e Cirenaica – proroga per un anno della convenzione con la Banca d'Italia per il servizio di tesoreria provinciale.* [Einaudi si riferisce in particolare all'articolo 5, che di fatto «autorizzava la Banca d'Italia a diminuire la sua scorta di titoli di 40 milioni e ad accrescere di altrettanto il suo portafoglio bancario»].

Legge 20 marzo 1913 n. 272 *riguardante l'ordinamento delle Borse di commercio, l'esercizio della mediazione e le tasse sui contratti di Borsa.*

Legge 22 giugno 1913 n. 771 *che eleva a L. 6000 il limite dei depositi fruttiferi a risparmio nelle Casse postali del Regno.*

Legge 20 dicembre 1914 n. 1378 *che autorizza l'istituzione di libretti al portatore per depositi a risparmio presso le casse postali.*

Memorie aggiunte alla istanza a sensi dell'art. 57 dello Statuto presentata il 5 maggio 1920 dall'Avv. U. Ernesto Turletti, Torino, Tip. Baravalle e Falconieri, 30 giugno 1920. [L'opuscolo è conservato a Roma, Archivio storico della Camera dei Deputati, Petizioni, busta 83, fascicolo 7248].

* *Moratoria (La) alla Banca di sconto concessa dal Tribunale di Roma*, «Corriere della sera», 31 dicembre 1921, p. 2. [Testo integrale della richiesta di moratoria di Angelo Pogliani, presentata al Tribunale di Roma il 29 dicembre 1921, e del dispositivo della sentenza emessa dallo stesso Tribunale].

Mozione (svolgimento): *Per un'inchiesta parlamentare sui fatti denunciati nella petizione Turletti e per la comunicazione dei documenti relativi a tali fatti*, presentata da P. Donati, Atti del Parlamento italiano, Camera dei Deputati, Legislatura XXV, Sessione 1919-1920, Discussioni, 2ª tornata del 26 luglio 1920.

F.S. NITTI, *Discorso pronunciato da S. E. l'On. F.S. Nitti, Ministro di agricoltura, industria e commercio agli elettori del collegio di Muro Lucano il 12 ottobre 1913, con appendici sul movimento dell'economia nazionale negli ultimi anni*, Roma, tip. G. Bertero e C., 1913.

Petizione Turletti (Approvazione ordine del giorno della Commissione per le petizioni), Raccolta degli Atti stampati per ordine della Camera, Camera dei Deputati, Legislatura XXV, Sessione 1919-1920, Documenti, Commissione per le petizioni, doc. n. XVI, 2, presentato nella tornata del 16 luglio 1920.

Petizione Turletti (Relazione), Atti del Parlamento italiano, Camera dei Deputati, Legislatura XXV, Sessione 1919-1920, Discussioni, 2ª tornata del 26 luglio 1920. Relatore: V. Carboni. Interviene: F.S. Nitti (Fatto personale), pp. 3987-3996.

R.d. 4 agosto 1913 n. 1068 *con il quale viene approvato il regolamento per l'esecuzione della legge 20 marzo 1913 n. 272 riguardante l'ordinamento delle Borse di commercio.*

R.d.l. 24 novembre 1919 n. 2164 *riguardante l'imposta sugli aumenti di patrimonio derivanti dalla guerra.*

R.d. 29 maggio 1920 n. 670 *che, senza pregiudizio delle azioni giudiziarie e fiscali, ordina un'inchiesta sui recenti fatti di accaparramento di azioni e di aumenti di capitale di quelle società anonime i titoli delle quali subirono notevoli e rapide fluttuazioni di prezzo, con turbamento del mercato dei valori e con danno di azionisti.*

R.d.l. 28 dicembre 1921 *contenente disposizioni modificative del Codice di commercio in relazione alle norme sul concordato preventivo.* [Einaudi si riferisce in particolare all'art. 1, con il quale si richiama in vigore l'art. 827 e tutte le disposizioni ad esso relative – già abrogate dal Codice di commercio – concernenti l'istituto della moratoria].

R.d.l. 3 gennaio 1922 n. 1 *portante variazioni ed aggiunte al R.d.l. 28 dicembre 1921 n. 1862 contenente disposizioni modificative del Codice di commercio in relazione alle norme sul concordato preventivo.*

R.d.l. 2 febbraio 1922 n. 27 *che reca norme sul concordato preventivo.*

R.d.l. 5 febbraio 1922 n. 32 *che modifica l'art. 3 di quello 2 febbraio 1922 n. 27 sul concordato preventivo.*

R.d.1. 13 marzo 1922 n. 289 *contenente modificazioni alle disposizioni sul concordato preventivo.*

R.d.l. 21 ottobre 1923 n. 2189 *Nomina del Comitato provvisorio per la liquidazione della Banca italiana di sconto.*

Relazione di petizioni e discussione di una mozione (seguito e fine della discussione), Atti del Parlamento italiano, Camera dei Deputati, Legislatura XXV, Sessione 1919-1920, Discussioni, 1ª tornata del 29 luglio 1920. [Riguardo alla petizione Turletti].

Report, together with minutes of evidence and accounts, from the Select committee on the high price of gold bullion. [Ordered, by the House of Commons to be printed, 8 june 1810], London, R. Taylor and Co., 1810.

C. SCHANZER, *Relazione intorno all'andamento degli istituti di emissione e della circolazione bancaria e di Stato (anno 1917)*, Raccolta degli Atti stampati per ordine della Camera, Camera dei Deputati, Legislatura XXV, Sessione unica 1913-1919, Documenti, disegni di legge e relazioni, doc. V (3 dicembre 1919).

ID., *Relazione intorno all'andamento degli istituti di emissione e della circolazione bancaria e di Stato (anno 1918)*, ivi, doc. V bis (5 dicembre 1919).

ID., *Esposizione finanziaria*, Atti del Parlamento italiano, Camera dei Deputati, Legislatura XXV, Sessione 1913-1919, Discussioni, vol. I, tornata del 16 dicembre 1919, pp. 285-302.

NOTA BIBLIOGRAFICA

La *Bibliografia degli scritti di Luigi Einaudi* (*dal 1893 al 1970*), a cura di Luigi Firpo, pubblicazione promossa dalla Banca d'Italia, Torino, Fondazione Luigi Einaudi, 1971, pp. 907, consta di 3819 schede, relative ai testi firmati o siglati, anonimi o pseudonimi, alle diverse edizioni di ciascun titolo, ai rifacimenti, alle traduzioni, alle ristampe in raccolte originali e in raccolte miscellanee.

La presente *Nota bibliografica* si limita a segnalare soltanto alcuni volumi. Le raccolte sono contrassegnate con asterisco. I titoli sono elencati in base all'anno di pubblicazione originaria.

1900 *Un principe mercante. Studio sull'espansione coloniale italiana*, Milano, Techint-Torino, ILTE, 1961, pp. XV-315. Riproduzione in facsimile dell'edizione originale, Torino, Bocca, 1900.

1900 *La rendita mineraria*, Torino, Utet, 1900, pp. VII-455. Si trova anche in «Biblioteca dell'economista», serie IV, vol. IV, Torino, Utet.

1924 *La terra e l'imposta*, Torino, Einaudi, 1942, pp. XXIV-312 («Opere di Luigi Einaudi», «Scritti di economia e finanza», n. II).

1924 **Le lotte del lavoro*, Introduzione di Paolo Spriano, Torino, Einaudi, 1972, pp. XXXI-214.

1927 *La guerra e il sistema tributario italiano*, Bari, Laterza-New Haven, Yale University Press, 1927, pp. XXVIII-505 («Pubblicazioni della Fondazione Carnegie per la pace internazionale», *Storia economica e sociale della guerra mondiale*, serie italiana).

1932 *Principi di scienza della finanza*, Torino, Boringhieri, 1966, pp. 572 («Manuali e trattati»).

1933 *La condotta economica e gli effetti sociali della guerra italiana*, Bari, Laterza-New Haven, Yale University Press, 1933, pp. XXXII-444 («Pubblicazioni della Fondazione Carnegie per la pace internazionale», *Storia economica e sociale della guerra mondiale*, serie italiana).

1938 *Miti e paradossi della giustizia tributaria*, Torino, Einaudi, 1967, pp. XX-311 («Opere di Luigi Einaudi», Prima serie, volume IV).

1941 **Saggi sul risparmio e l'imposta*, Torino, Einaudi, 1965, pp. XXX-504 («Opere di Luigi Einaudi», Prima serie, volume I).

1948 *La guerra e l'unità europea*, Milano, Comunità, 1953, pp. XI-188.

1949 **Lezioni di politica sociale*, Nota introduttiva di Federico Caffè, Torino, Einaudi, 1967, pp. XXVIII-341 («Nuova universale Einaudi»).

1953 **Saggi bibliografici e storici intorno alle dottrine economiche*, Roma, Edizioni di storia e letteratura, 1953, pp. XVI-367 («Storia ed economia», Studi, testi, documenti, quaderni, a cura di Bruno Rossi Ragazzi, n. I).

1954 **Il buongoverno. Saggi di economia e politica (1897-1954)*, a cura di Ernesto Rossi, Bari, Laterza, 1973 («Universale Laterza»).

1956 *Lo scrittoio del Presidente (1948-1955)*, Torino, Einaudi, 1956, pp. XVI-677 («Opere di Luigi Einaudi», II serie, volume I).

1957 **Liberismo e liberalismo*, Introduzione di Giovanni Malagodi, Milano-Napoli, Ricciardi, 1988, pp. XXXI-215. Antologia di scritti di Benedetto Croce (pp. 3-116) e di Luigi Einaudi (pp. 117-207), a cura di Paolo Solari.

1959 **Cronache economiche e politiche di un trentennio (1893-1925)*, Torino, Einaudi, 8 voll. («Opere di Luigi Einaudi», II serie, voll. III-X):

vol. I, *1893-1902*, pp. XXV-552, 1964; I ediz. 1959;

vol. II, *1903-1909*, pp. XL-845, 1965; I ediz. 1959;

vol. III, *1910-1914*, pp. XLVIII-728, 1963; I ediz. 1960;

vol. IV, *1914-1918*, pp. XXXV-802, 1963; I ediz. 1961;

vol. V, *1919-1920*, pp. XLIII-994, 1966; I ediz. 1961;

vol. VI, *1921-1922*, pp. XVI-1029, 1966; I ediz. 1963;

vol. VII, *1923-1924*, pp. XVII-926, 1966; I ediz. 1965;

vol. VIII, *1925*, pp. XIV-588, 1965.

1962 **Prediche inutili*, Nota introduttiva di Leo Valiani, Torino, Einaudi, 1974, pp. IX-423 («Gli struzzi»).

1973 **Scritti economici, storici e civili*, a cura di Ruggero Romano, Introduzione di Ruggero Romano, Milano, Mondadori, 1973, pp. XLVIII-1006 («I meridiani»).

1980 **Interventi e relazioni parlamentari*, a cura di Stefania Martinotti-Dorigo, Torino, Fondazione Luigi Einaudi, 2 voll., 1980-1982; vol. I, *Senato del Regno (5919-1922)*, pp. 972; vol. II, *Dalla Consulta nazionale al Senato della Repubblica (1945-1958)*, pp. 955.

1987 **Le prediche della domenica ovverosia compendio elementare di economia politica*, Presentazione di Guido Carli, Torino, Einaudi, 1987, pp. XI-148 («Gli struzzi»).

BIBLIOGRAFIA CRITICA SELEZIONATA

Opere di carattere generale

Banca d'Italia, *Scritti nei quali si fa riferimento al pensiero economico di Luigi Einaudi e recensioni di sue opere (Roma, marzo 1954)*, Roma, Tipografia della Banca d'Italia, s.d. [1956], pp. 158.

F. Caffè, *Luigi Einaudi e le Cronache economiche e politiche di un trentennio*, in «Cultura e scuola», n. 49-50, gen.-giu. 1974; ora in Id., *Frammenti per lo studio del pensiero economico italiano*, Milano, Giuffrè, 1975, pp. 59-67.

C.A. Ciampi, *Luigi Einaudi: una memoria viva*, Sondrio, Banca popolare di Sondrio (SUISSE), 2007.

Commemorazione di Luigi Einaudi nel centenario della nascita (1874-1974), Torino, Fondazione Luigi Einaudi, 1975, pp. 160 («Studi»). Relazioni introduttive di F. Caffè, F. Forte, R. Romeo, S. Steve.

A. D'Aroma, *Luigi Einaudi: memorie di famiglia e di lavoro*, Roma, Ente per gli studi monetari, bancari e finanziari Luigi Einaudi, s.d. [1976], pp. 451 («Quaderni di Ricerche»).

G. Del Vecchio, *Einaudi economista*, «Giornale degli economisti e Annali di economia», mar.-apr. 1964, pp. 137-144.

R. Faucci, *Luigi Einaudi*, Torino, Utet, 1986, pp. XIX-518 («La vita sociale della nuova Italia»).

A. Gigliobianco, C. Giordano, "Banca", voce per il *Dizionario del liberalismo italiano*, Soveria Mannelli (CZ), Rubbettino, 2011.

R. Lama, *Elementi pre-keynesiani e keynesiani nel pensiero di Luigi Einaudi: l'uso del disavanzo di bilancio*, «Ricerche economiche», n. 1-2, 1981, pp. 117-145.

D. Menichella, *Una testimonianza*, «Bancaria», mag. 1982, pp. 491-493.

S. Steve, *La lezione di Einaudi*, in *Il problema della moneta oggi*. Convegno internazionale indetto nel centenario della nascita di Luigi Einaudi (Roma, 6-8 febbraio 1975), «Atti dei convegni lincei, 12», Roma, Accademia nazionale dei Lincei, 1976, pp. 11-24; ora in M. Finoia (a cura di), *Il pensiero economico italiano 1850-1950*, Bologna, Cappelli, 1980, pp. 429-440.

Scritti sul pensiero bancario

P. Baffi, *Memoria sull'azione di Einaudi, 1945-1948*, in Id., *Studi sulla moneta*, Milano, Giuffrè, 1965, pp. 177-193 («Pubblicazioni dell'Istituto di Politica Economica e Finanziaria della Facoltà di Economia e Commercio dell'Università di Roma»).

G. Carli, *Luigi Einaudi a venticinque anni dalla morte*, «Rivista Bancaria. Minerva Bancaria», sett.-ott. 1986, pp. 23-30; ora in Id., *Pensieri di un ex-governatore*, Pordenone, Studio Tesi, 1988 («Saggi e documenti»), pp. 5-17.

P. Ciocca, *«Ottimalità» delle strutture creditizie: il pensiero di Einaudi e la ricerca recente*, in *Il problema della moneta oggi.* Convegno internazionale indetto nel centenario della nascita di Luigi Einaudi (Roma, 6-8 febbraio 1975); «Atti dei convegni lincei», Roma, Accademia nazionale dei Lincei, 1976, pp. 127-136.

P. Ciocca, F. Frasca, *I rapporti fra industria e finanza: problemi e prospettive*, «Politica economica», aprile 1987, pp. 29-45.

A. D'Aroma, *Nel centenario della nascita. Il banchiere*, in Id., *Luigi Einaudi: memorie di famiglia e di lavoro*, cit., pp. 371-412.

M. De Cecco, *Sulla politica di stabilizzazione del 1947*, in Id., *Saggi di politica monetaria*, Milano, Giuffrè, 1968, pp. 109-141 («Pubblicazioni dell'Istituto di Politica Economica e Finanziaria della Facoltà di Economia e Commercio dell'Università di Roma»).

B. Foa, *Monetary reconstruction in Italy*, New York, The King's Crown Press, 1949, pp. X-147.

F. Forte, *Luigi Einaudi, la moneta, il sistema bancario, le crisi*, in Id., *Luigi Einaudi: il mercato e il buongoverno*, Torino, Einaudi, 1982, pp. 251-309 («Piccola Biblioteca Einaudi»).

F. Forte, *La teoria della moneta di Luigi Einaudi e il suo messaggio*, Sondrio, Banca popolare di Sondrio (SUISSE), 2007.

A.O. Hirschman, *Inflation and deflation in Italy*, «American Economic Review», sept. 1948, pp. 599-605.

M. Monti, *Introduzione*, in L. Einaudi, *Il mestiere della moneta*, Torino, Utet Libreria-Edizioni di Banche e Banchieri, 1990, pp. XV-XXVIII («Scrittori italiani della moneta e della banca»).

INDICI

INDICE DEI NOMI DI ENTI, ISTITUZIONI E LUOGHI

INDICE DEI NOMI DI PERSONA

INDICE DEL VOLUME

2. La scalata alle banche

3. I salvataggi bancari